專業教練量身打造！適合市民跑者的

100日馬拉松訓練計畫

金 哲彥／著
鄒玟羚、高詹燦／譯

前言

相信想要留下紀錄的市民跑者（業餘跑者）們都很熟悉《金哲彥のマラソン練習法がわかる本》這本書了。而本書就是將《金哲彥のマラソン練習法がわかる本》以「新書尺寸」（註：日本的小型書尺寸）重新編修，新的書名為《專業教練量身打造！適合市民跑者的100日馬拉松訓練計畫》。

反覆檢查新書版本的校樣時，

我想起在發行單行本的2009年至今的這段期間內，

日本發生了不少事。

東日本大地震、熊本地震、颱風風災……

無法抵抗大自然乃是人類的宿命。

雖然腦袋能理解這個道理，心中卻是感慨萬千。

我們應該培養即使遭遇天災也不輕易認輸的心靈與身體。

因此，我更加覺得大家可以試著挑戰馬拉松。

從單行本到文庫本，接著又變成現在的新書版尺寸，在改變版型的過程中，本書也愈來愈精鍊。

我曾在全國性的跑步講座上，替一本每一頁都貼著便利貼、被仔細讀過的本書簽名。

懷抱著達成sub4（破4，即4小時內跑完全馬）的夢想、總是努力跑步的讀者（跑者）們，時常散發出熱情，刺激著我。

本書在發行初版至今的十年間，幫助了許多想要打破紀錄的市民跑者，而這也令身為作者的我感觸良多。

本書將專業教練、頂尖跑者們制定正確馬拉松訓練計畫的方法，重新設計成更適合市民跑者的方法，並且盡可能地以簡單易懂的方式解說。

訓練計畫往往都充滿了跑步距離、時間、配速等看似枯燥乏味的數字。本書則替這些「0到9的記號組合」賦予了意義與目的，使它變得跟食譜一樣，任誰都能自行調整。

事實上，左右著勝敗與個人紀錄的訓練計畫內容，本來就會因人而異。比方說，有兩名頂尖運動員，在同樣的比賽中跑出相同的成績——2小時8分30秒，那麼，難道這兩人是因為接受了完全相同的訓練，才跑出相同的時間嗎？

這幾乎是不可能的。即便是雙胞胎跑者的訓練計畫，也會有不同的訓練方式。這就是現實。

就算採用相同的計畫，負荷也會因人、氣象環境、路線環境而產生差異，進而帶來不同的效果。人類的身體是「肉身」，既有堅強的部分亦有纖細的部分，無法像機械那樣，故障時只需簡單地換個零件，或是只要有正確的程式設計，就能半永久地運作下去。

不過，五花八門的訓練計畫也是有「主軸」的概念與訣竅的。本書的目標就是要讓大家理解那個「主軸」。訓練前是否已經了解最重要的「主軸」，將會大大影響訓練的結果。只要理解主軸，就能降低「故障」的風險，提高成功率。

話說，近十年來，日本的馬拉松也有了新的風氣。

挑戰全程馬拉松的市民跑者逐漸增加。2015年跑完全馬的人數甚至超越美國，成為世界第一。

這件事令我相當訝異。世界第一代表什麼呢？

美國無疑是一個人口極多、人民具有高度健康意識、跑者數量也很多的國家。但是，說到跑完全馬的話，日本就凌駕於美國之上了。

在美國，如果是半馬距離的話，那麼跑步的人數可說是遠超過日本。然而，全馬卻帶有濃厚的「競技」色彩，因此追求健康的人會稍微避開這一塊。

但是日本人卻不太一樣。許多人的價值觀都是「反正都要跑了，就跑全馬吧」。只把跑步當作一種健康的生活方式來享受是不夠的，還要「追求跑步」、「探索馬拉松」才能滿足日本人。

的確，跑步與馬拉松都具有「娛樂消遣」的一面，也具有令人不斷追求、有如「修行之路」的一面。

這兩種價值觀並沒有對錯之分，但是對抱有第二種價值觀的跑者來說，像本書這種研究訓練本質的內容，肯定是非得接觸的區塊。

在這十年內改變的不只有這樣。

雖說是非官方的比賽，但肯亞的埃利烏德・基普喬蓋選手終於替人類突破了2小時內跑完全馬的高牆。

女子馬拉松的世界紀錄也來到了2小時15分鐘。別忘了，科技進步是幕後推手之一，好比馬拉松鞋採用了碳纖維材質，進而締造了前所未見的紀錄。

此外也有一些從未改變的東西。
那就是建立在運動生理學上的訓練基礎。
以及sub4、sub3對市民跑者來說，依舊難以達成。
希望各位讀者能研讀本書，以達成自己的夢想。

令和元年12月　專業跑步教練　金 哲彥

序

前言　2

如何制定訓練計畫　13

第1章

跑完全程馬拉松的魅力　23

第2章 訓練的基礎知識

本書是《金哲彥のマラソン練習法がわかる本》（2009年，實業之日本社）經追加、修正後，重新編輯而成的新書版。

製作　中村聰宏
裝幀・內文設計　株式会社ファーブル

序

如何制定訓練計畫

東京的各處都看得到跑者的身影。他們並不是箱根驛傳（註：日本每年舉行一次，僅限關東地區20所大學校隊參加的接力賽）或實業團的選手，而是所謂的市民跑者。當然，從以前開始就有很多的跑者，不過大多數的人應該都是聚集在路跑聖地，也就是皇居周邊、駒澤公園、代代木公園、神宮外苑、砧公園等特定場所吧。

然而，最近的選擇傾向有點不一樣了，變成「在哪都無所謂，整個城市都能跑」的感覺。商辦區、鬧區、國道沿線、觀光區等。跑者的行動（當然是跑步）範圍變得更加寬廣了。

跟風開始挑戰跑步的初學者，大多都是缺乏跑步相關預備知識的人。

因此，他們或許也不太講究跑步地點。既然沒有「應該這麼做」的先入之見，那麼跑步方式、跑步地點也就隨心所欲了。偉大的外行人天不怕地不怕，而且神出鬼沒。

此外，在跑步人數增加的影響下，皇居周遭等「路跑聖地」也開始出現了「跑者壅塞」（不是塞車）的現象。

日本人本來就很愛在電視上觀看馬拉松、驛傳那種具有動人劇情的運動節目。但是被問到「喜不喜歡跑步」時，則會因為自己不擅長跑步，而硬把跑步歸類在「不喜歡」的運動中。

原本不愛跑步的人之所以會跑起來，是有理由的。我認為，這個理由可以大致區分成身體層面與心理層面。

首先在身體層面，就是為了減肥或預防代謝症候群。這些對現代人來說，都是既深刻又切實的理由。而在心理層面上，則是能夠排解工作或人際關係上的壓力。很多人都會在人生的轉捩點選擇跑步，例如單身女性在30歲前挑戰檀香山馬拉松等等。

減肥、對抗代謝症候群、紓壓、人生轉捩點。恐怕每個跑步的人都有自己的理由。雖然有點誇大，但我們可以想像「所有人都是跑者」的時代也許即將到來。

2000年之前，帶動素人馬拉松風潮的，無疑是每年12月在夏威夷舉辦的「檀香山馬拉松」。

檀香山馬拉松擁有超過四十五年的歷史，在美國國內也屬於「老字號」馬拉松賽事之一。而現在，在大約3萬名參賽者當中，就有將近半數都是日本人。日本人占據威基基海灘並不是什麼稀奇的事，但是在檀香山馬拉松賽事期間，這種現象會變得更明顯。近來，排隊等檀香山馬拉松旅行團釋出候補名額也變得稀鬆平常起來。

然後，「東京馬拉松」又助長了這股馬拉松風潮的聲勢。

2007年2月，以往只有約100名菁英跑者參與的大會一改作風，向市民跑者敞開門戶，並舉辦了第一屆賽事。至今它的人氣依然在持續上升當中。

從第一屆大賽開始就有將近9萬人想要參加。到了第二屆，報名人數竟高達約15萬人。然後，2009年舉辦的第三屆大賽達到約26萬人，現在則是超過30萬人。基本上，日本人都對流行很敏感，喜歡新鮮的事物，但這股熱潮也許稍微熱過頭了。

造就這股熱潮的原因有很多，大眾媒體爭相報導「東京馬拉松」是原因之一。而當紅的演藝人員或是女主播也有在跑，同樣也帶來了話題性與影響力。

可是不只是這樣。那些不是透過媒體，而是直接接觸過東京馬拉松的人，也都充分感受到了馬拉松的魅力。

在東京馬拉松比賽當天，許多人都會前往銀座的中心地帶，觀看超過3萬多名的選手跑步，不然就是到雷門前面替認識的選手加油。我想，當人們看到男女老少、各式各樣的人們都在跑馬拉松時，應該也受到不少的刺激，覺得很感動吧。

還有，可想而知，只要在職場上聽到別人講述自己的親身體驗，就會產生「哪天我也要挑戰一下」的衝動。用自己的雙腳正大光明地跑在東京的中心，而且是平常不能跑的馬路上——這種體驗任誰都會覺得很棒。

檀香山馬拉松與東京馬拉松的舉行時間和完跑限制時間並不一樣（檀香山無時間限制，東京則是限7個小時），但是參加人數等等卻差不了多少。另一方面，兩者也有一些截然不同的部分，那就是「完跑人數最多的時間帶」，換句話說就是完跑者的集中時間帶。

講得更白一點，檀香山是5～6小時，東京則是4個多小時左右。這是相當大的差異。

造成這種時間差的主因是什麼呢？

首先考量到的因素就是天候。檀香山是在炎熱的地方舉行比賽，因此時間會拉得比較長。而另一個主要原因是，檀香山馬拉松本來就沒有限制時間。

很多人都是以輕鬆的態度來參賽，心想「就算沒有特別進行訓練，只要能從頭走到尾，也算是跑完全程吧」。事實上，約莫十年前，在我每年於旅行團內舉辦的講座上，大約有8成的參加者是第一次跑馬拉松，而在那當中，約有1成的人是天不怕地不怕，在比賽之前完全沒有做過訓練的（到了2019年，馬拉松初級者的比例已經漸漸減少了）。

相對於檀香山馬拉松，東京馬拉松則有7小時的時間限制。而且，由於是在國內舉行，所以自然會有很多人前來加油。

在家人與朋友的應援下，當然會想要「矯捷、帥氣地跑下去」。我認為，在東京馬拉松大賽中，為了「帥氣地跑下去」而做訓練、有備而來的人數，應該比檀香山馬拉松多出許多。

話說回來，這些市民跑者究竟是如何制定自己的訓練計畫呢？

最近市面上的跑步相關書籍變多了（雖說我也是作者之一）。熱中研究的人，就會去讀這些書，研究跑步方式、訓練方法等等。另外，聘有專任教練的跑步俱樂部也增加了，因此也有很多跑者是入會後開始學習訓練方式。但是我想大部分的市民跑者，都是依照自己的方式在訓練。

當然也有人用自己的方式取得成功，但不能否定的是，失敗的案例也很多。談到馬拉松訓練的話題時，常常會聽到「月里程數」這個指標。月里程數是指1個月總共跑了幾公里。有些人明明是市民跑者，卻跑了將近500km，相當於運動員等級；有些人則是未滿100km。

順帶一提，奧林匹克的馬拉松選手們每個月都會跑1000km以上。即便是箱根驛傳的選手也會跑700km以上。

部分速度較快的人，月里程數當然比較多，例如sub3（在3小時內跑完全馬）的市民跑者等，這些人的月里程數大概都是300km以上。不過，若是花4小時、5小時、6小時跑完全馬的跑者，他們的月里程數就參差不齊了。

我經常聽到這樣的情況：1個月跑100km的人花4個多小時就能跑完全馬，但跑200km的人卻得花上5個小時。當然體能上的差異、比賽的配速、身體狀況等因素也會造成影響。但有一點是絕對不能忘記的，那就是「就算跑的距離相同，也會因為訓練內容與方式不同，而帶來截然不同的結果」。

一流的跑者們每天都會確實地記錄「練習日誌」，並且不分晝夜地研究「訓練計畫」。比起月里程數，要說他們更重視訓練計畫的內容也不為過。這是因為，若無法在正式比賽上發揮100%的實力，那麼就算在賽前跑再多也無法贏得比賽。

換句話說，光是沒系統地努力累積距離是沒用的。跑者還需要充分運用頭腦與數據，將自己的身體鍛鍊成最佳狀態。而引領跑者的，就是訓練計畫。

雅典奧運的金牌得主野口水木選手的座右銘是「累積的里程不會背叛」。不過野口選手也不是單純一直累積里程而已，她是吸收了縝密思考過的訓練計畫，才跑出這樣的成績。

頂尖跑者的訓練計畫鮮少公開。因為訓練計畫本身通常被視為「商業機密」。要打比方的話，就像是一流餐廳的「極祕食譜」一樣。

其實至今為止，市面上都沒有書籍針對「適合市民跑者的訓練計畫」做詳細描述。許多人要是能夠正確地執行訓練，就能夠在更輕鬆、更少受傷、不走冤枉路的情況下跑馬拉松了……。

跑步雜誌的企劃經常會刊登訓練計畫。但是，大部分的計畫都只是把月曆填滿而已。而且，雜誌內很少提及他們是以何種邏輯來制定該計畫。

這是理所當然的。若要對計畫做詳細說明，絕對需要像本書這樣的分量才講得完。而且，只要了解訓練計畫的制定方式與基礎理論，就有辦法自行調整了。

就像參加一流廚師開設的料理班，就能在家中享受一流餐廳水準的美味一樣，只要讀完本書，理解何謂馬拉松訓練，你也可以用一流跑者的心情去安排訓練，然後充滿信心地站上比賽的起跑線。

第1章

跑完全程馬拉松的魅力

馬拉松蘊含著什麼樣的無比魅力？

「為什麼我要自討苦吃，做這麼痛苦的事？」

我想，很多跑者都曾經在全馬的比賽過程中，突然閃過這個念頭。

的確，大家並非被誰強迫去參加比賽，也不是從事這種工作所以沒辦法只好參加。相反的，平常若有人強迫他們做這種苦差事，他們肯定會斷然拒絕。

很明顯，大家都是自願站上起跑線的。

經常會發生這樣的事——完全沒跑過馬拉松的人，竟然對熱中跑馬拉松的跑者說：「為何要花那麼多錢、那麼多時間去做這麼痛苦的事？我無法理解你的想法。」

「每逢國外舉行賽事就得跟公司申請有薪假，跑鞋與服裝也得常常買新的替換……的確是花錢又花時間啊～」

可是，跑者們即使聽到這些刺耳的話，也不會想要反駁。相反的，他們搞不好會暗自竊笑，甚至在心裡同情起對方：「居然不了解跑步的樂趣，這樣的人生多可惜啊！」

不過，**喜歡跑馬拉松的人，絕不會認為跑馬拉松是一件很輕鬆的事。雖然不輕鬆，但馬拉松卻有很大的「魅力」，所以他們才會日夜不停地跑下去。**

跑馬拉松的魅力應該是因人而異吧。

有人像A小姐那樣，發現跑馬拉松的魅力在於能夠輕鬆達到減肥效果，不必像以前那樣吃盡苦頭，彷彿施了魔法一樣；也有人像B先生那樣，覺得跑完之後吃的飯、喝的酒都特別美味，就好像人生占了更多便宜一樣。

儘管跑馬拉松在不同人眼中有著截然不同的魅力，但所有跑馬拉松的人還是有一種共通的感受。那就是**到達終點時獲得的「成就感」**。

雖然我們難以用一句話來形容這種成就感，但它就是一種讓人覺得舒爽、在人生中不可或缺的「心情」之一。

比方說，像開發新商品等等，製造出某種看得見的東西時，就能夠獲得成就感。如果那是並非人人都能達成的事物或體驗，成就感就會變得更加強烈。不過，那種「大事」並非誰都能輕易達成的。況且在日常生活中，能帶來這種成就感的事情本來就不多。

但是，在馬拉松的世界裡，只要能參加賽事、跑完全程，就能夠獲得成就感。過程雖然辛苦，但是到了跑完全程時，不管是誰、不管在何種情況下，即使抵達終點的時間差了點，都能夠獲得很大的成就感。

而且，這無關乎年齡、性別、職業等區別，任何人跑完後都會獲得滿滿的成就感。

在終點區那邊，跑完的人們會聚在一起，並發自內心地慰勞彼此漫長路程上的辛苦與努力。

成就感是人類純粹且原始的愉悅情感之一，它就像獎賞一樣，每當跑者跑完時，就會深深刻畫在跑者的心上。

肉體雖然痛苦，心靈上卻相當滿足。沒跑過的人是無法明白這種奇妙感覺的。這就是馬拉松的無比魅力。

透過努力與下工夫來挑戰自己的紀錄

人們特意去跑痛苦的馬拉松，為的就是得到「成就感」這個獎勵。

但是，對於一年會跑好幾場的人來說，「完跑」會變成理所當然的事。馬拉松老手們所感受到的成就感已經沒有那麼強烈了。即使如此，他們還是不會膩，仍然繼續跑、繼續挑戰比賽。這是為什麼呢？

繼「成就感」之後，馬拉松的另一個魅力就是挑戰自己的紀錄。**重點在於是挑戰「自己的紀錄」，而不是挑戰大會的紀錄**。

人總會老，任何人都擺脫不了變老的命運。通常隨著年紀愈大，身體機能就會愈來愈衰退。然而有很多跑馬拉松的人，不知為何都是年紀愈大，愈熱中於跑馬拉松。

「我從60歲開始跑馬拉松，然後在65歲時，達成了3小時50分的紀錄。現在雖然75歲了，但我還打算在下個比賽中，挑戰70歲組別的獎牌呢。」

會這麼講的年長跑者並不少。許多跑者都是外表看起來還很年輕，但是一說出實際年齡卻會令人嚇一跳。

肉體雖然會隨著年齡增長而逐漸衰老，但是基本上，只要肯付出努力、多花點心力，就能夠提升馬拉松的紀錄。

能夠讓「年紀增加＝衰老、倒退」這種單純的關係式，變成「自我紀錄＝進步」的，正是馬拉松。

即使是被只看外表的世人貼上「中年」或「年長者」的標籤，當成中老年人來對待的人，在馬拉松的世界裡也會被另眼相待。他們矯健奔跑的模樣，總能讓年輕人們投以尊敬的目光。這不是因為社會價值或其他方面的成功，而是純粹身為一個人受到尊敬。這是很有價值的一件事。

此外，馬拉松並不是只看肌力強弱的運動。如果是只看肌力來定勝負的話，那麼年輕男性應該會大幅領先才對，但事實卻不然。

在檀香山馬拉松那種有很多新手的賽事中，到了後半段時，會因為肌肉痠痛或膝蓋疼痛而坐在路邊休息的人，大多都是前半段步調太快，導致身體不適的年輕男性。而面帶微笑從他們身旁通過的高齡跑者，則是從起點開始始終依照自己的步調來跑。壯碩男子見狀後，也會自認有眼不識泰山，對他們感到佩服不已。

此外，一同挑戰全馬比賽的夫妻檔也慢慢增加了。若說道「誰跑得比較快？」就會發現，外表柔弱、看似跟運動無緣的妻子，卻比看起來就很愛運動的丈夫還要早抵達終點。而且，這樣的例子在全馬比賽並不罕見。

馬拉松不是單純只看年輕或體力的運動。只要肯在訓練上做努力，多下點工夫，任何人都有進步的機會。

令人難忘的馬拉松逸聞

至今為止，我已經接觸過數萬名跑者。其中一位女性跑者的故事令我相當感動。

這位50多歲的女性，是一名經常參加超級馬拉松的老練跑者。她是從30歲前開始跑步的。當時，她每天得照顧罹患重病的年幼孩子。然而，努力的照顧卻沒有獲得回報，她的孩子還是走了。據說那個孩子未滿10歲，只活了短暫的一生。

葬禮結束後，家人們都沉浸在哀傷之中，而身為母親的她，更是為孩子的死感到無比自責。有一陣子，她難過得幾乎想尋死，每天都關在家裡，什麼事都不想做。

傷心的日子持續了幾個月之後，某天，她就像突然被什麼東西附身一樣，在毫無理由的狀態下出門跑步。她穿著平時穿的衣服，腳上穿的也不是跑鞋，而是普通的涼鞋。她漫無目的地在家附近繞著跑，直到累得跑不動為止。回到家後，想不到原本消沉的心情竟然恢復不少，據說腦海中還浮現出了那個孩子的笑容。

自那天之後，她就以跑步的方式來悼念那個孩子。她天天跑，最後甚至挑戰了全馬比賽。她覺得，自己愈是痛苦，愈是能悼念死去的孩子，因此還去追求更痛苦的事，挑戰超級馬拉松。

對人類來說，沒有什麼事比喪子更令人悲痛了。這則故事告訴我，跑步也是一種助人走出悲傷的方法。

這則令人難忘的故事，至今都還深深烙印在我心上。

跑步很適合過度使用神經的現代人

「某位女士藉由跑步擺脫想自殺的念頭」並不是什麼特別稀奇的故事。實際上，很多人都是為了消除工作上等等的壓力，才開始跑步的。

現在是電腦、網路發達的資訊化社會，無論要做什麼真的都很方便。但相對的，一直盯著電腦螢幕這個無機物做事的時間也變長了，這也是無法否認的事實。

操作電腦需要大量用眼以及拼命使用神經。因此，結束一天的工作後，不只身體會感到疲勞，連所有的神經都會感到疲憊。

一旦神經疲勞過度，夜晚就會輾轉難眠，並陷入淺眠狀態。倘若這種狀況一直無法獲得改善，就有可能會引發各種疾病，因此應該要多加注意。

想讓極度疲憊的交感神經恢復的話，其實也可以喝酒。不過，喝太多酒也對身體不好。

跑跑步、暢快地揮灑汗水——這種運動最適合用來紓解「資訊化社會」特有的神經疲勞了。

許多跑者都有這樣的感想：「跑步時腦袋就會放空，心情也會變得很舒暢」、「即使有煩惱，也會在不知不覺間變得更積極、更正向」。也就是說，神經在過度疲勞的狀態下，反而會陷入「腦中塞滿了資訊與工作上的事，感覺快爆炸了」或「一直悶悶不樂、煩惱不已」的處境中。

這麼看來，**跑步已經不單只是維繫健康的運動，說它是突破了框架、具有相當潛力的運動也不為過吧**。

「你需要跑步。一週3天、每次跑30分鐘。」也許在不久的將來，身心科的醫師就會開立「跑步」處方箋，將跑步當作治癒疲憊神經與心靈的良藥了。

跑步是與生俱來的本能

人為什麼要跑步？

我很難簡單明瞭地回答這個問題。因為每個人的理由會隨著想法、情況、時機而有所改變。

但只有一件事我敢說，那就是無論世道變得如何，只要人類還是跟住在地球上的其他生物一樣，是「動物」的一員，那麼，跑步就是任何人都必備的、與生俱來的求生本能。

跑步會使心跳加快，促進體內的血液循環。另外，肌肉激烈運動時需要大量的氧氣，因此，身體會增加呼吸次數，充分利用肺臟與橫膈膜的機能。隨後，身體會開始出汗，身體裡的老廢物質也會隨著汗水排出體外，使人感到通體舒暢。

人一跑起來，就能使身體活性化。身體活性化之後，五感就會變得非常敏感，對周遭的大自然也能產生更深刻的感受。

五感不是靠理性（頭腦）感受到的，而是身體本身的感受。跑步可以說是人類的本能。

何謂訓練？來學習基礎知識吧

在準備開始理解馬拉松訓練之前，我想在此請大家先學習一下它的大前提，也就是與訓練有關的基礎知識。

說到底，「訓練」究竟是什麼呢？凡事都一樣，只要了解它的基本，就能一窺它的本質。反之，若完全不了解它的基本，那麼即使進行訓練，也會像在濃霧裡徘徊一樣，最後只會撞上東西而已。

只要了解基本，就能俯瞰全景、掌握全貌。當旁人覺得馬拉松只是在跑步而已時，我們卻能從更立體的層面來理解它。

相信很多人都知道，日文的「トレーニング（training，訓練）」是源自英

文的「train」。training是train的名詞及現在進行式。

通常，日本人一聽到「train」這個字，都會立刻聯想到「列車」。可是看看字典（每版字典不盡相同）就會發現，train這個字也有訓練、培養、教育、練習的意思。

train這個字很強調「訓練」方面的含意。

從train衍生出來的字有「trainer（訓練員）」、「trainee（受訓者、實習生）」等等。每個字都是由「訓練」之意衍生出來的。

那麼，為何「train」也代表「列車」呢？我認為，這其實是在表現「訓練」的本質。

train這個字除了具有訓練之意，還有接續、連接、繼續等用來表示「某件事物具有連續性」的含意。換句話說，「列車」是由一節節的車廂相連而成的車，所以才叫train。

若以train＝連串的事物＝訓練的角度來思考，那麼training（訓練）就是指「持續進行某件事」。

講解到這裡，想必各位已經看出一些端倪了吧。

那就是：**「任何運動都一樣，只做1天只能算是『經驗』，不能算是『訓練』。」**

所謂的訓練，從語源來看也能得知，就是指「唯有持續努力耕耘，才能收穫成果」。

假設有某個人在某個契機下，只花1天的時間跑步。跑起來之後，身體開始大量出汗，呼吸變得急促，肌肉也開始痠痛，於是他就把這種「跑過的感覺」當成「訓練過的感覺」。但可惜的是，只跑1天根本無法稱之為訓練。想讓身體產生變化或是成長的話，必須要持續一段時間才會顯現出效果。training這個字的語源也證明了此事。

為什麼非訓練不可？

如果問奧運選手：「你為什麼要做訓練？」那大概每位選手都能給出一個答案。他們為了贏得比賽，全都受過許多超越常人的痛苦訓練。這也是理所當然的。

那麼，若是問他們：「你喜不喜歡做訓練呢？」答案又會是什麼呢？恐怕有些人會回答：「非常喜歡。過程雖然痛苦，但也有快樂的部分。」也有人會回答：「雖然不喜歡，但為了贏得比賽，還是得天天努力。」換句話說，重點不在於喜不喜歡。為了達成自己的目標，訓練是不可或缺的過程。

奧運選手們都明白這個道理，所以才能忍受每天的辛苦訓練。

那麼，在這裡我希望大家先理解一個重點。

無論是對奧運選手，或是對任何程度的人來說，**進行訓練的大前提都是具有確實的「目標」，也就是想達到什麼等級**。

假設奧運選手們把「金牌」當作自己的目標，為了達成這個目標，他們就會明白，依照自己目前的體力或是技術恐怕無法成功，因此會更加努力地訓練自己。

尤其在頂尖運動選手互相競爭的世界裡更是如此。只付出普通的努力是無法站上頂點的。

如果只是含混地照本宣科做訓練，那就會誤判自己所追求的頂點情勢。如此一來，就算再怎麼拼命認真地做訓練，那位選手也絕對無法取勝。也許別人正在世界的某個角落，執行著比自己多上好幾倍的訓練也說不定。在頂尖選手的世界，不懂得觀察周遭的情況便無法贏得勝利。

日本某位知名的馬拉松教練曾說過這樣的名言。

「想成為世界第一的話，只要做世界第一的訓練就行了。」

他說的沒錯。但是，倘若無法想像「什麼才叫世界第一」的話，便無法成為世界第一。

在執行世界第一的訓練之前，必須先具有「了解何謂世界第一」的情報蒐集能力以及想像力才行。

那麼，一般市民跑者執行訓練的理由是什麼呢？

基本上跟奧運選手一樣。目的都是透過持續不斷的訓練來鍛鍊身體，藉此填補目標水準與當前水準之間的落差。

假設，有個還沒跑過全馬的人，把跑完全馬當作目標。那麼，就算他現在連跑完5㎞的體力都沒有，他還是可以透過某些訓練來鍛鍊出足以跑完全馬的體力。

普通人的訓練跟奧運選手的訓練不一樣。普通人不需要有縱觀全局的想像力，只要確實理解自己該做的每一項訓練，並將注意力放在自己身上就行了。

而另一方面，普通人還有一項和備受期待的奧運選手不一樣的課題，那就是找出動力。

普通人在努力訓練時，**究竟能對自己的目標保有多強烈的動力**——這種心理層面的課題，將會是一大重點。

事先了解訓練的5個基本原則

訓練是有基本原則的。現在就來為各位讀者介紹一下其中最具代表性的5個原則。

所有的訓練計畫都是根據這些基本原則制定而成，然後才會被實行，這乃是常識。由於這是運動生理學的基礎，所以它不單只是知識，若能藉此加以思索「自己的身體究竟是依照何種原則做出反應的」，應該也會對訓練更感興趣吧。請熱中跑馬拉松的讀者們務必先了解這幾項原則。

「意識性」 專注在訓練上

意識性是指當一個人在進行運動時，若把注意力集中在該運動上，則會進步得比較快。

人的身體相當不可思議。即使認為自己能很好地控制身體，也會有辦得到的時候或辦不到的時候。無法順利控制身體時，往往是有一些其他的煩惱占據著腦海。

像是做伸展運動時也一樣。將注意力集中在正在伸展的肌肉上，比較能確實伸展，使肌肉軟化。

若不好好地注意自己的身體，身體就不會好好地工作。

「漸進性」 持續訓練

漸進性指的是慢慢前進的性質。說得更淺白一點，就是無論是肌力、運動技巧還是耐力，每天都只會進步一點點而已。就算一口氣做很多訓練，體力的成長幅度還是有極限，身體上的變化只會慢慢顯現。因此「做訓練必須持之以恆」乃是最基本的認知。

在訓練的世界裡，並沒有「先做起來放」的概念。

「反覆性」 經反覆練習後才能掌握要領

反覆性的意思就跟字面上一樣，無論任何事，唯有不斷反覆地練習才能夠學會。就拿背英文單字這件事來說，有少部分的人在背單字時可以過目不忘、馬上記住。可是大部分的人都得透過反覆背誦訓練，才能慢慢將單字刻進腦海裡。人在記憶事物時，只使用了眼睛等一部分的感覺器官與腦部而已，光是記憶都得反覆練習了，更何況是肌肉、神經、循環系統都得用上的馬拉松比賽。既有經過反覆地練習才能學會的事，也有藉由反覆地練習才能永不忘記的運動技巧。

俗話說「用身體去記憶！」，自然有它的道理。

「全面性」　將心思放在注重所有動作的整體性訓練上

全面性是指不要只以個別的動作來考量某種運動。如果沒有做整體性的訓練，最後便無法掌握該運動。比方說「跑步」這個運動，是由擺動手臂、移動雙腳、著地方式等多種肌肉的運動結合而成。但是在跑步時，如果逐一去思考如何擺動手臂或是移動雙腳，肢體就會變得不靈活，導致無法好好跑步。雖然必須要針對各個動作分別做訓練，但最終還是少不了融合所有動作的整體性訓練。在腦中想像某種運動時，請別忘了做全面性的思考。

「個別性」　配合各人情況來調整訓練計畫

個別性的意思是，每個人從體質到想法都不一樣，是完全相異的個體，因此應該配合各人的特質進行訓練。

有句話叫「十個人十個樣」。就像這句話一樣，即使是相同的訓練計畫，也得依照執行者的擅長與否或個人特質，來慢慢調整計畫內容。我猜，本書的讀者大多都是沒有個人教練的人吧。此時就需要自我訓練（self coaching）了。

進行自我訓練時，一定要確實掌握自己的特質，而這出乎意料的難。為什麼呢？因為一個人必須得具備相當豐富的知識與客觀性，才有辦法判斷自己的特質。

若想知道自己跑得如何，請跑步同好們幫忙指點或許是個不錯的選擇。還有，就像「借鑑他人，矯正自己」這句話所說，我們也可以藉由仔細觀察別人，再反過來觀察自己。

「訓練」這種想法大概不存在於動物界中

現在，讓我們稍微換個角度思考一下。

野生動物究竟具不具有「訓練」這種概念呢？人類也屬於動物的一種，因此，在野生動物占盡優勢的「運動」範疇內，一定可以從動物們身上學到很多東西。

要說野生動物所執行的訓練，我也曾在電視上看過父母訓練幼崽狩獵的畫面。那是在訓練尋找食物的方法，換言之是一種技術經驗方面的訓練。但是，除了調教競賽的馬匹等特例之外，我從來沒看過有哪種野生動物會為了「訓練」這個目的而跑步。

我認為，「鍛鍊體力」這種概念並不存在於野生動物的世界中。野生動物大概只有在覓食求生存的時候，才會使出100%的體力。那種時候一定是拚命使出100%的全力吧。至於其餘的時間則不浪費體力，盡可能維持在休息狀態。這代表，野生動物的運動只有0%或100%。不用說也知道，0%代表休息或死亡，100%則代表為了生存而覓食時。

幸運的是，人類已經建立起社會，所以在使用體力這方面，即使不劃清0%或100%也能活下去。人類可以遊走於0到100之間，並享受訓練的樂趣，實在是一種幸福的動物。

世上有各式各樣的訓練方法

世界上有一大堆講述訓練方法的書籍。運動、健康等各領域的著名指導員與教練們，會將自己導出的方法論，也就是訓練理論傳遞給大眾，好讓自己指導的選手以外的人也能活用那些理論。

每一種訓練方法中，都會有新的發現或是新的觀點，以及那一套訓練模式所遵循的主軸。反過來說，如果是沒有任何主軸的訓練方法，那大概就不太能信任了。

此外，在各個年代中，哪位教練握有主導權，他的訓練方法就會成為當代的主流，變成人們爭相仿效的對象。

如前所述，世上有各式各樣的訓練方法與理論，因此也很難說哪個才是正確的。只要具備扎實的基本原則，且不偏離主軸，基本上就沒問題了。

重點在於，不要現學現賣「某個人的訓練」，**而是要好好去理解該訓練背後的用意跟概念，然後再根據自己的基礎來吸收它**。

我想，這個道理不只適用於運動，也適用於世上所有的場合。

不斷破壞與重建，讓身體日益茁壯

「訓練就是反覆地破壞與重建。」

我時常在指導時說這句話。

這裡的「破壞」指的是肌肉痠痛等現象。執行負荷較大的訓練後，肌纖維就會因為承受不了負荷而有些許損壞。此時所感受到的疼痛，就是肌肉痠痛。在承受了足以引發肌肉痠痛的負荷之後，只要稍加休息，肌肉就能夠恢復，並且變得比之前更加強壯。接著即使再次施加與前次相同程度的負荷，也不會造成肌肉痠痛。

因此，只要不斷重複「破壞與重建」的過程，慢慢增強身體機能，等到回神過來時，就會發現自己已經改頭換面了。

為何我要特地在這個章節解釋破壞與重建呢？那是因為，很多人都只注重訓練所帶來的「破壞」那一面。這些人以為跑得愈多，就能夠愈跑愈快，所以一直跑一直跑，都不休息。

這種訓練方式的確能讓人提升到一定的程度，可是一旦超越了極限，身體就會自己產生排斥反應，因而不再對訓練進行「重建」工作。

破壞必須搭配重建才會有意義。而且，要不斷重複這個過程才有意義。因此，若只是不斷地虐待自己的身體，並不能稱之為正確的訓練。

不過，雖然前面說原則上多少也要休息一下，但再怎麼說也不能一味地休息，否則會沒有幹勁。人類雖然都喜歡輕鬆度日，可是一旦動腦理解後，就會兼具「認真處理事物」的特質。

要控制好破壞與重建、訓練與休養的平衡，其實也不是一件簡單的事。

為達成目標所做的準備與努力

人們可以用各式各樣的方式去享受跑步這項運動。就像為了讓自己更健康而外出散步的人一樣，有人會在住家附近慢跑，也有人像頂尖運動員那樣，為了在目標賽事中留下好成績而付出努力。

閱讀本書、準備挑戰「馬拉松」的人們應該也都有各自的目標吧。雖然有千千百百種目標，但硬要統整的話，大概就是「參加市民馬拉松大賽，在自己設定的目標時間內跑完全程」吧。

如果只是想在住家附近跑跑步、享受箇中樂趣的話，那就沒必要考慮訓練的事。不過，如果是有意參加馬拉松大會或比賽，那麼，不管難易度如何，應該都會有「我要跑完全程」或者是「我要在這個時間內跑完」之類的具體目標吧。如果只是5km、10km又或者是30km的程度，那麼即使沒做什麼訓練，只要擁有一定程度的體力，終究還是跑得完。但是，如果目標是跑完馬拉松，特別是全馬的話，就得在保持一定速度的情況下跑完相當長的距離，為此，配速就變得相當重要了。光靠原有的體力是無法如願跑完42．195km的。

因此，**跑全馬前必須做好充足的準備並付出努力，才有辦法達成自己的目標**。換句話說，跑者必須要有一套有主軸、有規劃的訓練方式。本身體力不足以跑完全馬的人，就要把訓練的重點放在「增強體力」上；以sub3為目標的話，就要鍛練跑力，讓自己能夠維持一定的速度跑下去。

首先，你必須了解自己的現狀，再依照自己的能力來訂下一個稍具挑戰性的具體目標，這點非常重要。因為，制定訓練時最重要的重點在於「在心理上要能夠一直對目標抱持著強烈的動力」。**如果將做訓練的這段準備期間也算進「比賽」內的話，你就能夠更了解、更享受馬拉松這項運動了。**

透過訓練讓自己在比賽時達到巔峰

下一章起，我將會提出具體的訓練計畫並加以解說，而我的訓練計畫之構成邏輯，全都是以「達到巔峰」的概念作為基礎。

所謂的「達到巔峰」，是指透過鍛鍊與調整，讓自己能夠在比賽時達到身心的巔峰。想辦到這一點，可不是沒頭沒腦地進行嚴格訓練就行了。必須要調整訓練的強弱程度，才有辦法在比賽當天達到顛峰。

一起來看看馬拉松訓練中常見的失敗範例吧。

決定參加馬拉松大會後，許多人一開始會充滿幹勁地開始練習，可是沒過多久就傷到膝蓋，只好休息一陣子。但因為比賽的日子愈來愈近，於是又急忙地開始練跑。最後膝蓋還沒復原，不得已只好依靠貼紮等應急處理來參賽。雖說只要是人大概都會這麼做，但這種失敗真的相當常見。

照理說，應該要從比賽日開始往回推，再來做準備才對。若考量到「要在比賽時達到巔峰」，那麼比賽前2個禮拜就是調整期間。因此，在那之前的3個禮拜，就是比賽的最終訓練階段，即「實戰練習期」。實戰練習期之前的3個禮拜，則是為了應付最終訓練的鍛鍊身體期。再之前的3個禮拜，則是為了鍛鍊身體的奠定基礎期。這樣的「分期」思考相當重要。

此外，在這些以3週為週期的「訓練期」之間，一定要插入1週用來休息的「恢復期」。就像我在「破壞與重建」的篇章中（請參考53～54頁）說過的，休養也是訓練中重要的一環。換句話說，練習3個禮拜後，應該要休息1個禮拜，以4週為一個訓練週期。

之後我會再針對這個概念做詳細說明。

還有，訓練本身就具有高負荷與低負荷的部分，而重點就在於如何組合它們。像這樣在訓練中安插不同緩急的部分，是非常重要的重點。

許多頂尖運動員都在實行各式各樣的訓練。另外，如果是實業團或大學的陸上競技社團等，往往會把這種概念作為訓練計畫，制定成指南。

我在大三（早稻田大學）到加入實業團（瑞可利）為止的這段期間內，一直都是參考大一、大二時的練習內容，自己思考練習計畫，然後再獨自做訓練。特別是在加入實業團的那段時期，由於我加入的隊伍只有我是男性，所以我會請別的實業團讓我參加他們的練習，並找他們請教、討論練習方法，然後再將獲得的資訊運用到自己的練習計畫中，並持續試錯。退休後，我便和培育出雪梨奧運金牌得主・高橋尚子選手的知名教練——小出義雄教練一起，在指導各方選手們的場合中，一面實踐自我流的訓練計畫，一面透過選手們來進行實驗與驗證。

當然，市民跑者也能多加運用這種以「達到巔峰」作為核心的訓練概念。只不過，由於每個人的體能水準、身體狀況、跑步技巧都天差地遠，因此，接下來雖然會介紹一些訓練計畫，但請各位**不要把它當作單純的「說明書」。我希望各位去理解訓練計畫的構造與意義，隨時將練習的目的：「現在為何要做這份訓練計畫？」以及最終目標放在心上，並動腦思考。**

等到有辦法打造出適合自己的訓練計畫後，各位應該就能夠體會到馬拉松真正的樂趣了。更重要的是，這肯定會大幅提升你達成目標的可能性。

第2章

訓練的基礎知識

為何訓練有各式各樣的種類？

馬拉松的基本訓練有許多不同的種類，各個種類都有各自的目的。為什麼在做訓練時要將它們交織在一起呢？這是為了「增其所長，補其所短」。

比方說，「想跑得更快一點」時所面臨的課題，就會和「擔心自己的耐久力不足」時不一樣。兩者各有各的課題。此時應該要配合自己的目標來制定訓練計畫。

需要注意的是，許多人都會想要加強自己的長項，卻往往有過度的傾向。譬如對跑速有信心的人，會很容易不小心做太多速度訓練；對耐久力有信心的人，會很容易在速度訓練上打混。**在自己擅長的領域時，比較容易在短時間內學會新事物。相對的，補足不擅長的領域則需要花費不少時間。因此請記得，**

一開始應該盡量先從弱點的部分開始練習，將時間花在補足這個部分。

新手的長跑經驗比較少，必然得鍛鍊出足以跑完全馬的耐久力，因此訓練時會以鍛鍊基礎體力為主。

另外鎖定sub3的老手們也要理解一件事，那就是其實馬拉松並不是一個非常講求速度的運動。比起練就1km3分30秒的速度，研究「如何更輕鬆地跑出1km4分15秒」還更為重要。我認為，與其鍛鍊速度，還不如把重點放在耐久力的練習上。

若是有受傷或身體不適等情況，也必須配合個人的身體狀況來變更訓練內容。另外，每個人能挪出來做訓練的時間也不盡相同。再來，長期訓練下來，也可能會令人感到厭煩。像這種時候就可以試著更換訓練計畫的內容、改變訓練的分量跟負荷、換個訓練場所等等。希望各位能視自己的情況加以調整。

WALK

［步行／競走］

在跑起來之前，先好好地走一走

現在要談的是「步行」訓練。新手尤其需要在初期練習階段，鍛鍊好體幹與腳力的基礎。其主要目的是為了提升有氧運動能力。而必須注意的是，這並不是純粹在散步而已。**請各位想像這是在「快步行走」，必須走得比平常還快。還有，進行步行訓練時，重點是持續走下去**。以同樣花40分鐘步行來說，比起花20分鐘走到超市，買完東西後再花20分鐘走回家，持續步行40分鐘的效果會比較好。

儘管走路時使用的肌肉跟跑步時有點不一樣，但依然具有很多共通點，因此不能說兩者毫無關係。步行姿勢是奠定跑步姿勢的基礎，所以步行時一定要注意姿勢，要和跑步一樣，留意自己的肩胛骨，並且確實地擺動手臂。另外步行時還要注意自己的軀幹，把背挺直。

雖然新手初期的主要目標是增強體力，但步行的負擔比JOG（慢跑）輕，著地時的衝擊也比較少，因此，要是跑起來覺得腳的狀態不是很理想時，只要花費比JOG多一倍的時間來走路，就可以維持肌力了。此外，跑步時會有雙腳都離開地面的時候，相當容易失去平衡。這時透過步行來檢視、矯正身體的平衡也是個很有效的辦法。

在此，我就不深入解釋WALK或JOG等等的姿勢基礎了。敬請各位參考我的另一本著作《「体幹」ランニング》（講談社）。

JOG

[慢跑]

每一位跑者的基本功

「慢慢地跑」的訓練，就是慢跑（JOG）。這在馬拉松的練習法當中，算是基礎中的基礎，同時也是最頻繁進行的訓練。

能邊跑邊聊的速度，就是最適當的速度。新手能輕鬆地跑30分鐘～1小時左右；而中、高等水準的人則是能輕鬆地跑2～3小時，請用這樣的速度來慢跑。因此，慢跑的跑速會因人而異。

如果是目標跑完全馬的新手，那就用每公里7～8分鐘的配速去跑。如果是中等水準的人，就用6分～6分半。若是進階者，則用5分～5分半。各位不妨參考以上的配速。這個配速對於新手來說，就相當於實際比賽的配速。雖然是強度較低的訓練，但是對於鍛鍊跑步的基礎（練肌力、提升有氧運動能力）來說，卻有不錯的效果。

慢跑得愈頻繁，就愈容易將身體鍛鍊起來。以後在改變跑步速度時，就能感受到它所帶來的巨大影響。必須特別注意的是，如果慢跑時姿勢不佳，就會養成不良的跑步習慣。還有，這也常導致跑者在提升跑速時，產生膝蓋或腳踝疼痛的現象。慢跑時，應該把腰桿挺直，維持正確的姿勢與固定的節奏持續跑下去。

慢跑除了能增強體力之外，還能當作一種積極的休養，藉此恢復疲勞。同時，它也能作為一種日常訓練，有效調整身體的狀況。慢跑時並不是漫無目的地跑，若是能一邊訓練，一邊思考慢跑的目的，就能夠讓訓練的效果倍增。

LSD

[長距離慢跑]

長時間、長距離的慢跑

LSD是英文「Long Slow Distance」的字首簡寫，這種訓練意指「花費長時間慢慢地跑一段較長的距離」。慢慢跑的意思就跟JOG一樣，不過，若時間與距離不夠長，就不叫做LSD。由於LSD是長跑，所以步調上會比JOG來得慢。

做LSD訓練的目的之一，是為了打造出易於燃燒脂肪的身體。長時間的低負荷訓練能夠促進微血管增生、增進心肺功能，從而提升有氧運動能力。

如果是新手的話，就用跟JOG差不多的每公里7～8分鐘配速。如果是中級者，就是6分半～7分鐘。進階者則是5分半～6

分鐘。請以「比JOG的速度稍微慢一點」的速度作為基準。

此時要特別注意的是，LSD是連續性的長跑。請持續地跑下去，盡量不要停下來。

有時，在慢慢地跑了一段長距離之後，就會進入「running high」的狀態。在這種狀態下心情會變得特別好，覺得再遠都跑得下去。

但是，即使感到心情變好、身體變輕盈，也絕對不能加快速度。尤其馬拉松是一種講求「忍耐」的運動，所以要提醒自己慢慢地持續跑下去。

進行這個訓練並不是為了追求愉快地跑步，而是為了透過長距離慢跑來提升有氧運動能力。請各位不要忘記這一點。

RACE PACE RUN

[比賽配速跑 & 持久跑]

培養管理跑步速度的能力

「比賽配速跑」這個訓練，是從自己訂為目標的馬拉松完跑時間中，算出平均配速，並依此配速來練跑。這是一種更接近實戰的練習。

比方說，假設某人的目標是在4小時之內跑完全馬，那麼他在比賽中，就要以每公里平均5分40秒的速度來跑。而他的「5㎞比賽配速跑」訓練內容，就是用每公里5分40秒的配速來跑5㎞。

另外，「持久跑」的配速則是要介於「比賽配速跑」與「JOG」之間。比「比賽配速跑」慢、比「JOG」快。如果是中級者的話，大約是每公里花5分半～6分鐘左右；如果是進階者的話，大約是4分30秒～45秒左右。

馬拉松是一種非常講求「配速管理」的運動。跑步時，一旦跑速的起伏太大，就會徒增沒有意義的動作，導致耐久力逐漸流失。最理想的跑步方式，就是維持在一定的速度，也就是所謂的「均速」。為此，跑者必須去體會配速感，並且練習在保持該配速的情況下跑步，這對馬拉松來說是不可或缺的環節。

如果覺得做這些練習實在太辛苦的話，就代表配速設定得太快了。**重要的是，要找出適合自己的配速，再好好掌握住這個速度的感覺，而不是使用痛苦的配速勉強自己跑下去**。因此，跑者必須使用GPS手錶之類的計測工具來做記錄，才會知道自己的跑步配速究竟是多少。

WIND SPRINT

[WS／短距離全速衝刺]

乘著風，增加速度與刺激

以輕快的速度反覆跑短距離，就叫做短距離全速衝刺（WIND SPRINT）。這種跑法宛如乘著風一樣，所以英文才叫做WIND SPRINT。也有人稱之為「風速跑」。

這種訓練會一點點逐漸加速，然後用全力衝刺時的6～7成速度跑100m～150m的距離。較理想的訓練方式是邊加速邊跑50m，接著維持同一速度再跑100m，然後依照這個模式重複跑3～10趟150m。

雖然這只是為了馬拉松這種有氧運動而做的練習之一，但這個運動其實有點接近無氧運動。做這個練習是為了培養速度感，唯有掌握了速度感才能夠讓成績更進步。如果光做JOG或LSD的練習，往往會使得動作不夠大、不夠動感。把WS練習加進訓練計畫中，讓自己的跑步動作變大吧。

不過，WS並不是主要的練習項目。它在訓練計畫當中就像是調味料般的存在。要搭配JOG、持久跑等練習，才會有給予刺激的效果。

假設隔天要進行難度比較高的練習，那麼今天就可以在做完JOG之後，追加5趟WS，讓心跳數提高。這麼做就可以將**「明天要稍微提升訓練難度，加油喔」的訊號傳遞給自己的身體**。想執行難度較高的練習時，就可以在執行的前一天或隔天，把WS當成銜接運動。另外，搭配當天的練習也行。**總之，無論何時，WS都應該搭配某個訓練一起練習**。

BUILD UP RUN

［漸進加速跑］

邊跑邊緩緩加速

這是「慢慢提升」跑步速度的訓練。最理想的做法是，先從比比賽配速慢一點的速度開始跑，然後慢慢加速，最後提升到比比賽配速快一點的速度。

如果是比賽配速為每公里4分15秒的進階跑者，就先以每公里5分左右的配速開始跑，再慢慢提升至每公里3分50秒～4分的程度，這樣練習才會有效果。一開始先放輕鬆慢慢跑，接下來再慢慢地加快速度，這麼做不僅能增強心肺功能，還能培養速度感。由於這樣可以跑到一定程度的距離，所以是更加具有複合性與實戰性的練習，練起來應該也會感覺比較充實。**又因為不用跑到比賽時那麼**

長的距離就能體驗比賽配速，所以在接近比賽時增加此訓練會非常有效。

進行這項訓練時該注意一點，那就是從頭到尾都要持續加速。最後，請把速度提升到比比賽配速還要稍快一點。由於是慢慢提升速度，所以即使跑得比比賽配速還快，也能夠好好注意姿勢。這樣不但能夠以「加速也沒問題的姿勢」跑步，還能夠讓自己在正式上場比賽時跑得更加輕鬆。

不過，這是比較適合進階者的練習法，並不是所有人都非練不可。例如新手的JOG和比賽配速相同，所以沒必要做這種應付速度變化的訓練。

DUSH AT SLOPE

［斜坡衝刺跑］

衝上斜坡，有效強化體力

長跑或馬拉松的菁英跑者，通常都會執行後述的「間歇跑」（請參考80頁）訓練。但是，這項訓練的理想執行場地是田徑場的400米跑道，而且需要有教練或夥伴幫忙計時，對於市民跑者來說，是一項難以實行的訓練。

對於這個問題，我推薦各位做「斜坡衝刺跑」訓練。找一道100m～200m的緩坡，然後先依照WS的要領衝上斜坡，再用JOG跑下坡。速度的部分則可以參考短距離衝刺訓練的速度，也就是全力衝刺的70%左右。請以「能確實做完訓練計畫的目標趟數」的速度來跑。

這個訓練是藉著加速爬坡，來讓身體熟悉正確的姿勢以及較大的動作，並達到鍛鍊肌力的效果。此外，由於這項訓練會對心肺機能造成較大的負擔，所以也有提升有氧運動能力的效果。它不是高步頻跑法（pitch running），而是步幅較大的高步幅跑法（stride running），因此要注意自己的跑法，並盡可能地加大動作。這個訓練可以在短時間內有效率地鍛鍊速度、耐力與力量，所以很適合沒什麼時間的上班族。

東京都內也有幾個適合做訓練的斜坡。比方說皇居附近，較具代表性的有從三宅坂十字路口通往半藏門十字路口的斜坡、從竹橋十字路口通往首都高速公路代官町入口的斜坡。

你住的城市一定也有類似的斜坡。請一定要積極地利用它來做訓練。

CROSS COUNTRY

［越野跑］

運用自然地形提升跑步能力

人類一開始本來就是利用原野、草原、森林、山地或丘陵等地形來做訓練的。在馬拉松界大放異彩的肯亞、衣索比亞等非洲國家的選手們，就是以越野跑作為訓練重心。**在這項訓練中，不但能強化心肺功能與肌力，還能自然而然地掌握跑步的技巧**。

爬坡時，就算沒有提高速度，也會加重心肺功能的負荷量。因此，光是適度地反覆上下坡，就能有效率地提升心肺功能。

此外因為跑上坡時需要抵抗重力，所以會比平坦的場所更需要肌力；而下坡時的著地衝擊力也會增強，所以能使肌力提升。這就跟斜坡衝刺跑一樣。再加上在自然地形中跑步時，比較容易遇到難以行走、失去平衡的情況，因此能自然而然地學會如何在跑步時維持好身體的平衡。

想前往充滿大自然的地方或許不是那麼容易，但其實只要在有連續上下坡道的公園內練跑，一樣可以獲得很棒的效果。雖說最好是選擇沒有鋪設過的坡道，但只要能確保它是具有一程度上下坡的連續坡道，即使是鋪設過的路也沒關係。

若是能找到這種越野跑道的話，就用持久跑的感覺去跑吧。**最重要的是，不管是上坡還是下坡，都要維持一定的配速持續地跑下去。**

INTERVAL RUN

［間歇跑］

對市民跑者來說風險較高

我在本書所提倡的訓練計畫當中，並不包含這個「間歇跑」。但是，間歇跑在精英跑者的世界中，是一種被普遍採用的訓練，因此我還是簡單地在此說明一下。

「interval」的意思是「間隔」。這是一種很注重跑步間隔的訓練。主要是在跑道或其他訓練場地上，跑完一定的距離後，休息一定的時間，再繼續跑相同的距離，然後不斷重複。藉由調整這個休息間隔，盡量不讓心跳數下降，反覆進行以達到增強心肺機能與提升跑速的效果。是一種非常痛苦的訓練計畫。

比方說，用40秒跑200m後，休息40秒，然後再跑200m。

這樣的循環要重複進行20次。也有另一種方法是將距離拉長到400m或是1000m，同時也將間隔稍微拉長一點。**必須注意的是，假使間隔拉得太長，那麼即便增加速度上的負荷量，最後也只會變成「單純跑200m或400m的訓練」**。

執行這項訓練時，最好選擇標有百米單位、能夠掌握距離的場所，例如跑道等。然而對市民跑者來說，要找到這種場所可不容易。而且，除了難以獨自練習之外，這項訓練還是以高速跑較短的距離，因此很容易誤用成跟跑馬拉松不一樣的姿勢來跑步。我覺得這對市民跑者來說，算是風險較高的訓練。

REST

［休養］

消除疲勞也是重要的訓練之一

許多熱衷於跑步的市民跑者都是「每天跑步」。雖說天天都跑步也算是良好的習慣，**但是從訓練的觀點來看，卻不見得是好的做法。身體受到訓練所帶來的刺激後，再讓它恢復，重複這個循環才能夠逐步鍛鍊體力**。天天跑步的跑者也許會覺得，休養就像「偷懶」一樣，但休養卻也是重要的「恢復」過程。在後述的訓練計畫當中，也會時常出現寫著休養的範例。**我希望各位能將「讓身體好好休息」視為訓練的一環**。

另外，休養又可分為積極休養與完全休養（完休）。積極休養指的是，即便前一天做了高難度的訓練，隔天有時間的話也要做個伸展操或是簡單跑一下，動動身體、舒展筋骨，藉此消除疲勞。而如果是遇到腳痛、感冒導致身體不舒服，或是極度疲憊導致飲食不正常的情況，則應該要完全休養。為了盡快讓身體恢復活力，一定要讓身體好好地休息一番。

當訓練計畫中標有「休養或輕度JOG」，就代表那是應該積極休養的日子。如果有時間的話，就簡單跑個約30～60分鐘的慢跑。靠自己判斷「前一天的訓練累積了多少疲勞」也是很重要的事。

不過，有些進階跑者在休養時，會因為肚子餓而比平常更容易暴飲暴食。訓練休息得愈多，就愈容易變胖，還請各位務必當心。

訓練計畫的閱讀方法與應用方式

從下一章開始，我將會各別針對初級者、中級者、進階者的水準，提出賽前倒數100天該做的訓練計畫。同時，我也會針對該訓練計畫的宗旨與構成順序做簡單的說明。只要去理解它，就算沒有完全依照範例計畫來做練習，也會知道哪個練習可以忽視，抑或是哪個練習絕不能省略。

制定訓練計畫的第一步是：**從比賽日開始往回推算，並大略上排定「這個時期要做什麼事」。這就是「分期」的思考模式**。

比賽前的倒數2週是調整期。接著由此往回推4週。在這4週當中，前3週是用來為正式比賽做「賽前衝刺」的時間，應安排一些強度較高的訓練，最後的1週則是休養。再來，繼續往回推4週。由於之後的衝刺期會提高訓練強度，所以這4週要為了高強度訓練做準備。前3週用來提升基礎體力，剩下的1週則用來休養。然後，再由此往回推4週，為了準備提升基礎體力，前3週是訓練，最後1週是休養。

訓練的整體構造就如同前面所寫的，會一面訓練3週、休息1週，一面打造出強壯的身體，讓身體能承受更難的訓練。然後，最後的2週則是用來調養身體，準備迎接比賽到來。完成分期後，下一步就是思考每個時期應該做什麼練習了。

本書的訓練計畫是本著某個前提來設計的。那就是，如果要讓六、日休息的上班族與OL們都能累積訓練量的話，究竟該依照怎樣的訓練日程來練習才好呢？**由於每週之中最重要的「重點練習」都得花費一定的時間，所以設計時都安排在週六與週日**。將每週六、日的練習放在訓練日程的主軸上後，與下週的練習間隔一週，因此週三或週五往往會安排一些「銜接練習」，以便為下次的重點練習做準備。然後，剩下的日子則是安排一些輔助性的練習，好比JOG、肌肉鍛鍊、伸展操等。

雖然每個人的「工作繁忙時期」與「時間充裕時期」都不太一樣，但我希望大家從初期階段開始，就要盡量實行安排在週六、日的重點練習。請大家務必要執行LSD、持久跑、比賽配速跑等練習。當然，有些人會因為工作因素而無法休週六、日，或者是休平日、不定期休息等等。如果是這樣的人，希望你能自行調整日程，將六、日的練習計畫換到自己的休假日。

倘若遇到無法在週末做訓練的情況，那就改成週一再做，這種程度的變更是沒什麼問題的。但如果是延到週二、週三才勉強把它做完的話，就有可能對身體造成過大的負擔。**無法做完的練習就放棄它吧。等到下次做週末訓練時，再投入精力好好地做，不要偷懶休息**。

遇到由週六、週日組成一組的「成套練習」（詳細請參考146頁）時，一定要連續2天將它們做完。沒時間的話，也可以把2天的訓練計畫集中在同一天內做完。不然就是改成週六與週一做練習（間隔1天左右）。

其實，有沒有完成每一天的練習並不是很大的問題。但是，若一直都沒有做最重要的重點練習，那麼等到比賽日逼近時，就會顯現出「弱點」了。

■「分期」思考模式

留意「達到巔峰」的時間，從比賽當天開始往回推算，再分配各時期該做的訓練內容。
❶先將賽前倒數2週設定成最終調整時期。
❷接著再往回推4週，然後在當中安排3週的高負荷實戰練習期，以及1週的恢復期。
❸繼續往回推4週，前3週為鍛鍊身體期，最後1週為恢復期。
❹再往回推4週。這是為期3週的基礎訓練期，加上為期1週的恢復期。
請依照「4週為一個循環」的模式制定計畫，為欲參加的比賽做準備。

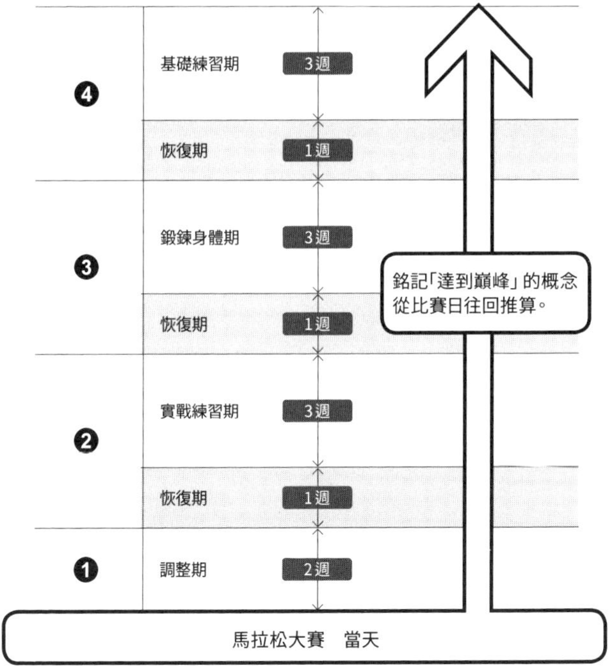

重點在於應該確實掌握自己在比賽到來前的哪個時期必須要做什麼，以及現在的自己無法做到什麼。希望大家在做訓練時，能夠把這些事放在心上。

「自我管理」對於馬拉松訓練來說非常重要，它能讓我們在面對比賽時，一點一滴地累積訓練、提升實力。這對於比賽上的跑步管理也有幫助。若能透過扎實的訓練過程來建立信心，就不會在比賽中發生「前半段慌慌張張加速，

Step 3

一	休養
二	JOG 40分 WS 3趟
三	斜坡 7趟
四	休養or輕度JOG
五	JOG 40分
六	RP跑 5km
日	LSD 90分
一	休養
二	JOG 40分
三	JOG 40分 WS 3趟
四	休養or輕度JOG
五	JOG 60分 WS 5趟
六	LSD 90分
日	持久跑 15km

決定好作為訓練主軸的重點練習與銜接練習後，就可以決定剩下的日子要做什麼訓練了。請各位依據自己的繁忙或疲勞程度來組合JOG、肌力訓練、休養等，這麼一來計畫就完成了。

■制定每日訓練計畫的方法

製作各期的訓練計畫時：

Step**1** 設定重點練習。

Step**2** 在重點練習與重點練習之間，安排串聯兩者的銜接練習。

Step**3** 制定其他日子的訓練計畫。

Step 1

一	
二	
三	
四	
五	
六	RP跑 5km
日	LSD 90分
一	
二	
三	
四	
五	
六	LSD 90分
日	持久跑 15km

先以能夠挪出時間練習的假日（六、日）為中心，設定好「重點練習」。往後這些重點練習就是訓練的主軸。另外也可以利用連休執行速度訓練與耐力訓練組合而成的「成套練習」。

Step 2

一	
二	JOG 40分 WS 3趟
三	斜坡 7趟
四	
五	
六	RP跑 5km
日	LSD 90分
一	
二	
三	JOG 40分 WS 3趟
四	
五	JOG 60分 WS 5趟
六	LSD 90分
日	持久跑 15km

在六日的重點練習與下週末的重點練習之間，安插串聯兩者的「銜接練習」。為了不讓兩次的練習間隔太久，要在平日的週三加入銜接練習，給予刺激。或者也可以在週五安排練習，為週六的練習做暖身。

※本書以「六、日休假」為前提來設計訓練計畫。
還請平日休假或不固定休假的人，自行調整訓練內容與順序。

導致後半段失速」這種常見的狀況。

請在腦中想像比賽的過程，然後再針對你所想像的東西排定訓練，並執行之。以上這些都需要自行管理，而這正是馬拉松最困難的部分，同時也是最奧妙、最有趣的部分。

另外，本書將訓練計畫大致分成初級者用、中級者用以及進階者用。我將目標設為跑完全程馬拉松（6小時~7小時內）的人視為「初級者」，將目標設為sub4（4小時內完跑）的人視為「中級者」，將目標設為sub3（3小時內完跑）的人視為「進階者」，但這頂多只能讓大家做個參考。肯定會有人不符合上述的任何條件，或者是處於微妙的邊界上。

不過，「訓練」的基本概念是始終如一的。希望大家能一面參考這些基本概念，一面調整、制定出適合自己的訓練計畫。

第3章

以完跑為目標　6小時內完跑！

初級馬拉松訓練

為何是6小時？專為這種人設計！

「我是為了減肥才開始跑步的，但我希望能找到更明確的目標」「朋友推薦的」「想跑跑看全程馬拉松」「去幫參加東京馬拉松的朋友加油後，覺得很憧憬」……。

每個人想參加全馬的動機都不盡相同。儘管已經決定總有一天要挑戰看看，但大部分的人卻無法想像實際跑完42・195㎞的距離後，自己到底會有多疲憊，馬拉松又到底是怎樣的比賽吧？

東京馬拉松是日本國內最受歡迎的馬拉松賽事。而東京馬拉松的魅力之一，就是限時7小時。7小時在日本國內算是相當長的時限。若要跑完東京馬拉松，那麼至少得在6個多小時之內跑完。另外，因為沒有時間限制而相當受歡迎的檀香山馬拉松，最多人抵達終點的時段就是開跑後5～6個多小時。由此可見，**馬拉松新手的第一個目標，應該就是這個「6小時完跑」吧**。即使是想挑戰跑完全馬但擔心運動不足或體力不夠的人，只要按部就班做好書中介紹的100天訓練，培養好基礎體力，就一定能夠達成目標。

若想以6小時完跑，那就需要以平均每公里8分32秒的配速持續跑下去。這個速度即使以JOG來說，也算是相當慢的配速。通常跑馬拉松的時候，並不會全程都用跑的。大多都是以步行搭配JOG的方式來跑完全程。

因此，這個時間是「沒做過多少訓練的新手」所要挑戰的目標。**為了盡可能降低傷害，讓大家能夠發自內心地享受馬拉松、跑完馬拉松**，所以在此介紹的計畫，**都是專門為增強基礎體力而排定的訓練**。

內容以WALK、JOG、LSD的組合為主，目的則是為了鍛鍊基礎體力。讓我們一起來慢慢增加跑步的距離與時間吧。尤其是WALK雖然會變得特別多，但因為實際花6個鐘頭跑全程馬拉松的話，有時也會變成「趨近於跑步的WALK」狀態，所以讓自己能夠走上一定程度的時間、距離也是一大重點。

只要能做到計畫的5成左右，就必定能提升基礎體力，但是，一旦把訓練的間隔拉得太開，就會讓好不容易才練起來的體力回到原點，因此還請各位多加注意。

獻給初級者的5個注意事項

○將「步行」視為訓練。

○主要目的為鍛鍊腳力與肌力。

○為了減輕身體的負擔，請在不會太勉強自己的範圍內適度減肥。

○不要太執著於把每項訓練都做到完美。

○盡量持續做訓練，不要把間隔拉得太開。

第1輪① 導入期

想要以此水準跑完馬拉松的各位，大多都是「以前幾乎沒有在運動」的人吧。若要跑完全程馬拉松，那麼，提升基礎體力就是一大重點了。

一開始，讓我們先把訓練的重心放在「步行」上吧。**這不是純粹的散步而已。各位必須意識到，這是步行動作的訓練，應該要盡量快步走。**

從第2週起，就可以開始追加JOG訓練了。在這個時間點，各位可能還沒有辦法依照計畫上的安排來做JOG，但不用擔心。如果在這個階段勉強自己導致受傷的話，就變成才剛開始就無法練習了。因此，在不會勉強自己的範圍內盡量做到就可以了。然後，一點一點地依照計畫上的內容來做訓練，慢慢地把體力練起來。

初級者

第1輪①

賽前倒數99～91天
14週前～13週前

先從步行開始。

導入期

14週前	99天前（六）	WALK 40分
	98天前（日）	WALK 60分
13週前	97天前（一）	休養
	96天前（二）	休養or輕度WALK
	95天前（三）	WALK 40分 JOG 15分
	94天前（四）	休養or輕度WALK
	93天前（五）	休養or輕度WALK
	92天前（六）	WALK 30分 JOG 15分
	91天前（日）	JOG 30分

POINT（99天前、98天前）

POINT 為了解決運動不足的問題，請先從步行開始。等到能夠延長步行距離後，再試著慢慢開始跑。

memo

WALK 步行／競走　JOG 慢跑

第1輪② 導入期

第1輪的最終目標是「50分鐘JOG」。

當然，每個人的體力程度都不同。這個「50分鐘JOG」對於一開始連慢跑5分鐘都覺得痛苦的人來說，其實是個很困難的訓練。但同樣的，絕對不能勉強自己。**如果覺得JOG跑累了，就切換成WALK，好好地走路吧**。

若是能依照計畫做完一定程度的練習，各位應該就會發現，儘管只做了2週多的訓練，但是和剛開始訓練時相比，已經明顯能夠感受到身體上的變化了。

第1輪②　賽前倒數90～84天
12週前

初級者

不用勉強的「50分鐘JOG」。

導入期

12週前	90天前（一）	休養
	89天前（二）	休養or輕度WALK
	88天前（三）	WALK 40分
	87天前（四）	休養or輕度WALK
	86天前（五）	休養or輕度JOG
	85天前（六）	WALK 40分 JOG 15分
	84天前（日）	JOG 50分 ● POINT

POINT 持續跑50分鐘。
跑到開始覺得痛苦的話，也可以改成WALK。

memo

WALK 步行／競走　　JOG 慢跑

第2輪① 導入期

跟第1輪一樣，繼續進行導入期的訓練計畫。不過，此階段要注意一下，**看看自己動起來時，是否比第1輪的時候來得更輕鬆**。

進入這個階段後，身體各處大概也開始出現肌肉痠痛的症狀了吧。肌肉痠痛並不是受傷，因此只需要休養就能緩解疼痛。此外，肌肉會痠痛就代表肌肉正在成長、體力正在增強，因此請各位好好去適應它。

訓練前後做暖身運動或伸展操也會有不錯的效果。不然，也可以在泡澡時放鬆一下，替疲勞的部位按按摩，或是在泡完澡後沖冷水冰鎮一下、拉拉筋等，注意不要讓肌肉累積過多疲勞。

第2輪① 賽前倒數83～77天
11週前

初級者

訓練時不要休息，休養時好好休息。

導入期

11週前	83天前（一）	休養
	82天前（二）	休養or輕度JOG
	81天前（三）	JOG 40分
	80天前（四）	休養or輕度WALK
	79天前（五）	休養or輕度WALK
	78天前（六）	WALK 30分 JOG 30分
	77天前（日）	JOG 50分

POINT（81天前、78天前、77天前）

POINT 週六、日為重點練習，週三為銜接練習。因為這是一週內最重要的3天練習，所以盡量別偷懶、休息。

memo

WALK 步行／競走　JOG 慢跑

第2輪② 導入期

這一輪的重點練習是安排在週日的「50分鐘JOG」。

在第1輪的時候，如果覺得JOG跑起來太辛苦，可以替換成WALK。但是到了第2輪的最後一個週日時，請各位務必要跑完50分鐘的JOG。**這個練習並不要求速度，輕鬆地、慢慢地跑也沒關係，最重要的是扎實地持續跑50分鐘。**

排在週六、週日（尤其是週日）的練習就是重點練習。**排在週三的練習則是銜接練習，而它的作用是串連起前一週與後一週的週末重點練習，給予適度的刺激，因此請盡量不要略過它。**

第2輪②

賽前倒數76～70天
10週前

初級者

跑完「50分鐘JOG」。

導入期

10週前	76天前（一）	休養
	75天前（二）	休養or輕度JOG
	74天前（三）	JOG 40分
	73天前（四）	確實執行WALK
	72天前（五）	休養or輕度JOG
	71天前（六）	WALK 30分 JOG 30分
	70天前（日）	JOG 50分 — POINT

POINT 放慢速度也沒關係，
請確實跑完這一輪的50分鐘JOG。

memo

WALK 步行／競走　　JOG 慢跑

第3輪① 導入期

賽前倒數69～63天 9週前

跟第1輪、第2輪比起來，我們把練習時間逐步拉長了一些。尤其是週六、週日的訓練計畫，也變成時間比較長的「60分鐘WALK＋30分鐘JOG」與「60分鐘JOG」了。

這一輪的目的就是要養成「長時間活動身體」的習慣。到了這個階段，除了身體已經變得愈來愈有活力之外，心情也會感到舒暢不少。

此外，長時間運動也會促使排汗量逐漸增加。所以在運動時請注意補充水分，以防出現脫水症狀。

初級者

養成長時間活動身體的習慣。

導入期

9週前	69天前（一）	休養
	68天前（二）	休養or輕度JOG
	67天前（三）	JOG 40分
	66天前（四）	確實執行WALK
	65天前（五）	休養or輕度JOG
	64天前（六）	WALK 60分　JOG 30分 ― POINT
	63天前（日）	JOG 60分 ― POINT

POINT　逐漸加長跑步距離，
去習慣長時間活動身體的練習吧。

memo

WALK 步行／競走　　JOG 慢跑

第3輪② 導入期

如果之前的訓練進行得還算順利的話，那麼，現在應該已經有體力跑完60分鐘的JOG了吧。即便還稱不上是「跑者」，但也稱得上是優秀的「慢跑者」了。

一部分的人大概會開始覺得光做WALK不夠了吧。但是，**當訓練計畫上排有WALK時，還是要好好地練習競走。如果是已經逐漸習慣跑步的人，應該就能體認到「WALK是跑步的基礎」**。請各位在走路時，一面想像跑步時的模樣，一面注意自己的姿勢。

有些人學得快，能力成長率較高，以致於這份訓練計畫已經無法滿足他們。如果是這種人的話，不妨趁現在重新設定成更高遠的目標，開始投入中級者的訓練計畫中。

第3輪② 賽前倒數62～56天
8週前

初級者

重新檢視跑步的基本功。

導入期

8週前	62天前（一）	休養
	61天前（二）	輕度JOG
	60天前（三）	JOG 40分
	59天前（四）	確實執行WALK（POINT）
	58天前（五）	休養or輕度JOG
	57天前（六）	WALK 60分 JOG 30分
	56天前（日）	JOG 60分

POINT 遇到WALK的練習日時，就算已經習慣跑步，也要好好練習競走。各位應該都已經能體會到「WALK是跑步的基本」。

memo

WALK 步行／競走　　JOG 慢跑

第4輪① 導入期

第4輪前半部的訓練計畫跟第3輪的一樣。後半部則開始出現「恢復」的概念。從第5輪開始，訓練量將會愈來愈多。由於還有前面努力練習所累積下來的疲勞，所以此時應該先讓身體休息一下。

有時候，我們會遇到無法如願騰出時間做訓練的情況，例如雨下個不停（雖然也可以穿雨衣練習，或是利用健身房的跑步機練跑）、感冒、出差等等。也有些人是因為之前的練習過程不太順利，所以並沒有累積疲勞。但是，**這個階段的恢復期是「從比賽日開始往回推算而來的」。因此現階段應該要讓身體重置一次，才能夠確保日後能確實地執行訓練，以應付比賽。**

第4輪①

賽前倒數55～49天
7週前

初級者

確實做好與上一輪相同的訓練。

導入期

7週前	55天前（一）	休養
	54天前（二）	休養or輕度JOG
	53天前（三）	JOG 40分
	52天前（四）	確實執行WALK
	51天前（五）	休養or輕度JOG
	50天前（六）	WALK 60分 JOG 30分
	49天前（日）	JOG 60分

POINT 培養最低限度基礎體力的訓練計畫終於接近尾聲了。這一輪的後半部是恢復期，所以要確實地按照計畫內容做練習。

memo

WALK 步行／競走　　JOG 慢跑

第4輪② 恢復期

雖說要讓身體休息，卻也不是叫你什麼都別做，顧著休養就好了，只是讓練習量相對減少而已。因此，一定要執行恢復期的練習，為下一輪與之後的訓練做準備。

話雖如此，如果在這個時間點還沒有完全按照計畫做足練習的話，那麼之後依照計畫內容來訓練時，就有可能會因為體力不足而受傷。有需要的話，最好去參考第3輪之前的訓練計畫，重新組合訓練內容會比較好。

另外，恢復期的練習量較少，因此這也是個容易變重的時期。請各位做好體重管理，切勿暴飲暴食。

第4輪②

賽前倒數48～42天
6週前

初級者

第一次的恢復期。讓身體好好休息吧。

恢復期

6週前	48天前（一）	休養
	47天前（二）	休養 or 輕度WALK
	46天前（三）	JOG 40分
	45天前（四）	休養or輕度JOG
	44天前（五）	休養or輕度JOG
	43天前（六）	WALK 90分
	42天前（日）	JOG 40分

POINT

POINT 從開始到現在已經累積了不少訓練量，也累積了不少疲勞。讓身體好好休息吧。恢復期容易變重，要注意飲食及體重管理。

memo

WALK 步行／競走　　JOG 慢跑

第5輪① 鍛鍊身體期

至此為止的導入期訓練，都是以培養最低限度的基礎體力為目標。**從現在開始，終於要為了「跑完全馬而鍛鍊體力」了**。在執行「徹底訓練3週、恢復1週」的過程中，也會令自己更加意識到在比賽時「到達顛峰」的概念。

第5輪的重點練習是週日的LSD。第一週是70分鐘，第二週則是90分鐘。這是我們至今為止未曾體驗過的長時間跑步練習，跑步距離必然也會增加。

另外，這個階段還會增加平日的JOG次數等等。透過一點一點地增加整體的距離與頻率，訓練會變得愈來愈困難。雖然對於某些人而言會感到相當疲勞，但各位還是要一邊小心不要受傷，一邊確實做好練習。

第5輪①　賽前倒數41～35天
5週前

就算慢慢跑也要挑戰LSD！

鍛鍊身體期

5週前	41天前（一）	休養
	40天前（二）	確實執行WALK
	39天前（三）	JOG 60分
	38天前（四）	JOG 40分
	37天前（五）	休養or輕度JOG
	36天前（六）	WALK 60分 JOG 30分
	35天前（日）	LSD 70分 ← POINT

POINT

接下來會慢慢增加「70分」、「90分」這種長時間、長距離的練習。慢慢來也沒關係，請不要用走的，好好地跑完。

memo

WALK 步行／競走　JOG 慢跑　LSD 長距離慢跑

第5輪② 鍛鍊身體期

在執行LSD的過程中，狀況可能會變來變去，比方說，身體可能會時而感到輕盈，時而感到沉重，或是在途中感到無聊等等。雖說也不見得身體感到輕盈就是好事，但只要跑完之後有出現「爽快的疲勞感」就表示是OK的。最理想的狀況是能適度保留餘力跑完LSD。

但是，如果一直覺得很痛苦的話，那麼會不會是曾經偷過懶，沒把前4輪的訓練做好呢？請試著回顧一下自己的練習吧。

第5輪②　賽前倒數34～28天
4週前

去體會LSD過程中的感受變化。

鍛鍊身體期

4週前	34天前（一）	休養
	33天前（二）	確實執行WALK
	32天前（三）	JOG 60分
	31天前（四）	JOG 40分
	30天前（五）	休養or輕度JOG
	29天前（六）	WALK 60分 JOG 30分
	28天前（日）	LSD 90分 — POINT

POINT 適度保留餘力，專心做好LSD，並去體會跑步中的感受變化，例如身體變輕盈或變沉重等等。

memo

WALK 步行／競走　JOG 慢跑　LSD 長距離慢跑

第6輪① 鍛鍊身體期

對初學者的各位而言，「100分鐘的LSD」是這一連串訓練中最困難的一項練習，同時，它也是第6輪最大的重點練習。

這項練習看起來的確很難，實際上練起來也相當辛苦，但是，如果至今都有好好做訓練的話，那就必定能夠達成。此外，如果能完成這項練習，就會被舒暢的疲勞感與成就感包圍，還會對比賽產生莫大的信心。

從第5輪開始已經連做3週的高強度訓練了，因此在這個時期，身體會感到相當疲憊吧。**但是，大家完全不必擔心。感到疲憊就證明自己有確實地累積訓練量，增強了體力**。等到正式上場時，一定能身心舒暢地跑完比賽。

第6輪①　賽前倒數27~21天
3週前

初級者

用100分LSD與90分WALK來確認自己的體力。

鍛鍊身體期

3週前	27天前（一）	休養
	26天前（二）	確實執行WALK
	25天前（三）	JOG 60分
	24天前（四）	JOG 40分
	23天前（五）	休養or輕度JOG
	22天前（六）	WALK 60分 JOG 30分
	21天前（日）	LSD 100分 ● POINT

POINT 雖然是最吃力的練習，
但還是請各位務必去完成它，培養參賽的自信。

memo

WALK 步行／競走　JOG 慢跑　LSD 長距離慢跑

第6輪② 恢復期

我在第6輪的後半部安排了恢復期。請利用這個恢復週的前半部，讓身體好好休息，消除疲勞。

之所以在賽前倒數15天（週六）那天做**「90分鐘WALK」訓練，是為了防止長久累積下來的肌力衰退**，因此要以較快的配速確實地走完它。

儘管調降了訓練的負荷量，但是只要維持一定程度的練習時數，就可以一邊活動身體一邊消除疲勞。還請各位將這個「積極休養」的概念放在心上。

第6輪②　賽前倒數20～14天
2週前

初級者

透過長時間WALK來防止肌力下降！

恢復期

2週前	20天前（一）	休養
	19天前（二）	休養 or 輕度WALK
	18天前（三）	JOG 40分
	17天前（四）	休養 or 輕度WALK
	16天前（五）	休養or輕度JOG
	15天前（六）	WALK 90分 ● POINT
	14天前（日）	JOG 40分

POINT 雖說是用來消除身體疲勞的恢復期，但還是要以較快的配速確實執行WALK。長時間走路可以防止之前練好的肌力衰退。

memo

WALK 步行／競走　　JOG 慢跑

第7輪① 調整期

訓練至此，就要進入最後2週的調整期了。

「消除身體的疲勞」與「讓身體回憶起至今為止的練習成果」是這2週的最大主題。請調養好身體，讓自己能以最佳狀態面對比賽。

第7輪的重點練習安排在賽前倒數第7天（週日），內容為90分鐘的LSD。請一邊慢慢地跑，一邊想像下週在比賽中跑步的情形。如果至此為止都調整得不錯的話，那麼應該有辦法輕鬆地跑個90分鐘，而且幾乎不會感到痛苦。

第7輪①

賽前倒數13~7天
1週前

透過LSD來想像下週的比賽過程。

調整期

1週前	13天前（一）	休養
	12天前（二）	確實執行WALK
	11天前（三）	JOG 60分
	10天前（四）	JOG 40分
	9天前（五）	休養or輕度JOG
	8天前（六）	WALK 60分 JOG 30分
	7天前（日）	LSD 90分 ● POINT

POINT 一面想像自己參加比賽的模樣，一面慢慢地跑。

memo

WALK 步行／競走　JOG 慢跑　LSD 長距離慢跑

第7輪② 調整期

相信大家在比賽的前一天，都是既興奮又期待吧。但是，千萬不能在這一天跑步、累積疲勞。雖說如此，我們還是要提前為身體帶來一點刺激，因此，請各位好好地步行90分鐘，然後再好好睡一覺，為隔天的正式比賽做準備。

順利完成整個訓練過程的人，身體應該都變得比以前結實許多。如果比賽剛好在寒冷的時期舉行，會比較容易感冒，因此一定要特別注意健康管理。

若從頭到尾都有確實做訓練的話，那就一定有辦法在6個多小時內跑完。希望大家都能拿出自信挑戰比賽。

第7輪②　賽前倒數6天～當天
比賽當週

初級者

調養身體，以最佳狀態參賽。

調整期

當週	6天前（一）	休養
	5天前（二）	休養or輕度JOG
	4天前（三）	JOG 40分
	3天前（四）	JOG 40分
	2天前（五）	休養
	1天前（六）	WALK 90分 → POINT
	馬拉松比賽　當天	

POINT　讓比賽前一天的興奮情緒冷靜下來吧。為了避免累積疲勞，這天不跑步，改成走路。最後好好地睡一覺，為明天的比賽備戰。

memo

WALK 步行／競走　　JOG 慢跑

第4章

中級馬拉松訓練

目標sub4！4小時內完跑！

為何是4小時？專為這種人設計！

不少跑者已經挑戰過全馬，並漂亮地征服全馬了。他們除了獲得「完跑」的成就感之外，還得到了「抵達終點時間」這樣的成果。這可以說是他們在訓練上所付出的努力，加上比賽計畫與技術所得到的綜合成績。大部分的人應該都會想在下次挑戰時，跑出更理想的成績。

對於已經養成跑步習慣，能夠確實地練習慢跑的市民跑者來說，馬拉松比賽的第一道難關就是「4小時」。這個看似跑得完，但不好好練習就跑不完的時間，或許有點類似高爾夫成績的「90桿大關」、「100桿大關」。

許多日本舉辦的市民馬拉松大會都有時間限制，而過去的主流就是限時5個小時。當然也有一些時間較寬鬆的比賽，例如東京馬拉松是限時7小時，湘南國際馬拉松是限時6個半小時。

但是，若從「很多比賽的時間限制都是5個小時」這件事來看的話，那麼「4個多小時」抵達終點，頂多只能算是「完跑」而已。如果想挑戰sub4，也就是在4小時以內跑完，留下「3個多小時」的紀錄的話，那就必須從單純享受慢跑樂趣的「慢跑者」畢業，繼續往上爬，努力成長成真正的「跑者」。

只用JOG的配速來跑，是無法在4個小時之內跑完的。**跑者必須以平均每公里5分40秒的配速持續跑下去，才有辦法在4個小時之內跑完。因此，若不搭配良好的計畫認真做訓練的話，是無法達成這個目標的。**

首先是訓練導入期。導入期的重點在於，要多花點時間慢慢地鍛鍊出跑者應有的身體基礎能力。因為若是沒有一定的體力與腳力，之後將難以應付愈來愈困難的訓練。

此外，**跟單純以完跑為目標不一樣，對於中級者來說「達到巔峰」的**

概念將變得非常重要。跑者必須讓身體的狀態與體力在比賽當天達到高峰，以最佳的狀態參賽。我從頂尖運動選手們執行的訓練中取出精髓，加進這次的訓練計畫中，使它變得更像真正的「訓練」。相信各位應該都能由此體會到馬拉松訓練的箇中妙趣。

獻給中級者的5個注意事項

○花時間鍛鍊腳力、提升肌力。

○以組合的方式去熟悉各式各樣的訓練計畫。

○思考訓練的意義。

○去熟悉比賽配速。

○去注意怎樣是比賽當天的巔峰狀態。

第1輪① 導入期

投入此訓練難度的人，應該都有辦法確實執行慢跑了吧。請先思考該如何提升自己的能力，**想像一下這個為了正式比賽而逐漸變化的訓練計畫，整體是什麼樣子，再全心投入練習**。

首先，這個時期是引導大家開始跑馬拉松的導入期。最好能培養每週3～4次固定做運動的習慣。就算是因為工作繁忙而無法順利依照計畫進行訓練的人，**也至少要趁週末時好好地活動一下身體**。希望各位能夠養成確實執行訓練的習慣，尤其是安排在週末的JOG、JOG＋短距離全速衝刺（WS）、LSD等練習一定要做到。

第1輪①

賽前倒數99～91天
14週前～13週前

養成活動身體的習慣！

中級者

導入期

14週前	99天前（六）	WALK 40分
	98天前（日）	WALK 60分
13週前	97天前（一）	休養
	96天前（二）	休養or輕度JOG
	95天前（三）	WALK 40分 WS 3趟
	94天前（四）	休養or輕度JOG
	93天前（五）	休養or輕度JOG
	92天前（六）	JOG 40分 WS 3趟
	91天前（日）	LSD 90分

POINT（99天前、98天前、95天前、92天前、91天前）

POINT
每週活動身體3～4次。
至少要確實跑完週末的練習。

memo

WALK 步行／競走　JOG 慢跑　LSD 長距離慢跑
WS 短距離全速衝刺

第1輪② 導入期

大概有很多人至今都還沒嘗試過ＷＳ吧。**為了讓身體熟悉、了解它究竟是什麼樣的訓練，稍微讓跑步的動作加快吧**。剛開始不用太多次也沒關係，重點是記得加大動作，一邊感受風一邊舒服地跑步。

此外，週日排有90分鐘的ＬＳＤ練習。要以基本上都能做完這種程度的ＬＳＤ為前提，才能繼續進行今後的練習。如果是目前只能跑60分鐘左右的人，放慢速度也沒關係，請努力讓自己能持續跑完90分鐘。雖然有些人會覺得「很痛苦」、「很困難」，但身體會慢慢習慣的。試著在辦得到的範圍內挑戰看看吧。

第1輪②　賽前倒數90～84天
12週前

透過WS來習慣快跑的動作。

導入期

12週前	90天前（一）	休養
	89天前（二）	休養or輕度JOG
	88天前（三）	JOG 40分　WS 3趟
	87天前（四）	休養or輕度JOG
	86天前（五）	休養or輕度JOG
	85天前（六）	JOG 40分　WS 3趟
	84天前（日）	LSD 90分

POINT

POINT　WS練習具有讓人習慣大動作的效果。一開始或許會不太習慣，但還是要積極地練習。

memo

JOG 慢跑　LSD 長距離慢跑　WS 短距離全速衝刺

第2輪① 導入期

第2輪前半部的訓練計畫跟第1輪的一樣。雖然計畫都相同，但只要確實地做好訓練，應該就能實際感受到跑起來比第1輪的時候輕鬆許多。

請預想日後的訓練將會變得愈來愈困難，為了鍛鍊出扎實的基礎體力與腳力，現在要逐步完成訓練。

第2輪①　賽前倒數83～77天
11週前

中級者

去體會跑起來比當初更輕鬆的感覺。

導入期

11週前	83天前（一）	休養
	82天前（二）	休養or輕度JOG
	81天前（三）	JOG 30分 WS 3趟
	80天前（四）	休養or輕度JOG
	79天前（五）	休養or輕度JOG
	78天前（六）	WALK 40分 WS 3趟
	77天前（日）	LSD 90分

POINT

POINT 下週設有恢復期。在那之前，請好好鍛鍊自己的基礎體力以及腳力。

memo

WALK 步行／競走　JOG 慢跑　LSD 長距離慢跑
WS 短距離全速衝刺

第2輪② 恢復期

很快的，在第2輪的後半部我們就安排了恢復期。從第1輪訓練到現在，每個人所累積的疲勞程度都不一樣，但這還不算是高難度的練習，所以應該也有人不覺得特別疲憊。

但是，恢復期對訓練而言相當重要。為了調整身體的巔峰狀態，讓自己能在正式比賽上拿出最佳的表現，我們才會本著「達到巔峰」的概念來制定訓練計畫。到了下一輪，難度還會再提升一個層次，因此請趁這段期間讓身體好好休息一下。

另外，**雖說是恢復期，但也只是把90分鐘的LSD調整成60分鐘的JOG而已。即使如此，實際上光是這種程度的調整，就能讓身體輕鬆不少，應該能感覺到疲勞消散許多**。請各位不要著急，一面想著讓身體稍微輕鬆一點，一面慢慢消化訓練計畫。

第2輪②　賽前倒數76～70天
10週前

千萬別猴急，先讓身體稍微放鬆一下。

恢復期

10週前	76天前（一）	休養
	75天前（二）	休養or輕度JOG
	74天前（三）	JOG 40分 （POINT 1）
	73天前（四）	休養or輕度JOG
	72天前（五）	休養
	71天前（六）	JOG 60分　WS 5趟
	70天前（日）	JOG 60分 （POINT 2）

POINT 1：為了以巔峰狀態參賽，即使不疲勞也要注意讓身體恢復。

POINT 2：為了讓身體恢復而將負荷量調降，把90分LSD換成60分JOG。光是這樣應該就能讓身體感到輕鬆許多。

memo

JOG 慢跑　WS 短距離全速衝刺

中級者

第3輪① 鍛鍊身體期

從這裡開始要正式鍛鍊身體了。訓練會變得更難，計畫的變化性也會更加豐富。

而希望各位特別注意的就是「5km比賽配速跑」。**對目標為sub4的人而言，「掌控好每公里5分40秒的這個配速」乃是非常重要的課題**。

在前面的馬拉松訓練當中，不怎麼在意這件事的人應該也不少吧。剛開始時，即使無法好好保持配速也沒關係，請把它當成在測試自己，挑戰看看吧。重點在於每跑1km就要檢查一次時間，並時時注意自己的跑速，盡量讓配速趨近5分40秒。

第3輪①　賽前倒數69～63天
9週前

訓練主題為掌握比賽配速。

鍛鍊身體期

中級者

9週前	69天前（一）	休養
	68天前（二）	JOG 40分 WS 3趟
	67天前（三）	RP跑 5km ── POINT
	66天前（四）	JOG 60分
	65天前（五）	JOG 40分
	64天前（六）	LSD 90分
	63天前（日）	JOG 40分

POINT 留意每公里5分40秒的比賽配速，並掌控好這個速度。

memo

JOG 慢跑　LSD 長距離慢跑　WS 短距離全速衝刺
RP跑 比賽配速跑

斜坡衝刺跑在這週的前半段也登場了。剛開始或許會覺得很辛苦，但還是要好好地跑完7趟。這個訓練的練習時間雖然很短，但卻能夠得到很好的效果。

此外，如果已經習慣在斜坡上跑步的話，那麼，請各位務必要挑戰一下安排在週六的越野跑練習。

隔天（週日）跑15km的持久跑時，也要多加留意配速的感覺。跑15km本身應該不是什麼非常痛苦的事，重點在於跑的時候要控制好配速，跑得比通常的JOG還快。不過，跑得比比賽配速慢一點就行了，所以請確實遵照5分40秒～6分的配速來跑。

第3輪②

賽前倒數62～56天
8週前

挑戰多元訓練！

鍛鍊身體期

8週前	62天前（一）	休養
	61天前（二）	JOG 40分
	60天前（三）	斜坡 7趟
	59天前（四）	休養or輕度JOG
	58天前（五）	JOG 40分
	57天前（六）	越野跑 40分
	56天前（日）	持久跑 15km

POINT：最好也把斜坡衝刺跑、越野跑這種訓練確實做好。藉由豐富多變的訓練來鍛鍊體力吧。

memo

JOG 慢跑　斜坡 斜坡衝刺跑　越野跑 越野跑　持久跑 持久跑

第4輪① 鍛鍊身體期

第4輪前半部的訓練計畫跟第3輪的有些相似。自第3輪起就增加了許多練習的種類，而且練習量也變得非常多，因此，疲勞也會逐漸累積。**在排定「休養」的日子裡，一定要好好地休息，並且注意保養身體**。比方說，斜坡衝刺跑的隔天是休養日。在那一天，要好好搞清楚這個在此之前沒做過幾次的斜坡衝刺跑，究竟會為自己的身體帶來多少負擔，這是非常重要的事。太疲勞時，應該也要做一些伸展運動或按摩，而不是只是休息而已。花心思消除疲勞也是相當重要的。

這一輪在前半部的週末安排了越野跑以及90分鐘的LSD。在已經累積了一些疲勞的狀態下，這些困難的訓練應該會令人感到相當疲累。但是這一輪的後半部就是恢復期了。請用休息前請再加把勁的心情努力練習吧。

第4輪①　賽前倒數55～49天
7週前

當心運動傷害，做好健康管理！

鍛鍊身體期

7週前	55天前（一）	休養
	54天前（二）	JOG 40分
	53天前（三）	斜坡 7趟
	52天前（四）	休養or輕度JOG（POINT 1）
	51天前（五）	JOG 40分
	50天前（六）	越野跑 40分（POINT 2）
	49天前（日）	LSD 90分（POINT 2）

POINT 1：做完斜坡衝刺跑等練習的隔天，應該觀察一下身體累積了多少疲勞。太疲勞的話，就好好休息來消除疲勞。

POINT 2：一連2天做完越野跑、LSD的困難訓練後，再花1個星期讓身體恢復。

memo

JOG 慢跑　LSD 長距離慢跑　斜坡 斜坡衝刺跑
越野跑 越野跑

中級者

第4輪② 恢復期

第4輪後半部是恢復期。若拿這次與上次的恢復期相比，應該就會發現身體的疲勞程度增加許多。請正視這件事，讓身體好好地休息一下。

尤其在「休養 or 輕度JOG」那一天，一定要配合疲勞程度來做調整，切勿勉強自己。太疲勞的話，就不要慢跑，好好地休息。

中級者

特意讓身體獲得充分休息！

恢復期

6週前	48天前（一）	休養
	47天前（二）	休養or輕度JOG ● POINT
	46天前（三）	JOG 40分
	45天前（四）	休養or輕度JOG
	44天前（五）	休養
	43天前（六）	JOG 60分 WS 5趟
	42天前（日）	JOG 60分

POINT 「休養or輕度JOG」應依照自己的疲勞程度來做調整，不用勉強去跑。休息也是重要的訓練。

memo

JOG 慢跑　　WS 短距離全速衝刺

第5輪① 實戰練習期

從現在開始的3個星期，就是比賽前夕的練習期了。至今為止所培育的基礎體力，都是為了戰勝這個練習期而做的準備。此時應該就能感受到，所有的訓練都是在為比賽打基礎。

在這邊，我希望大家能記住一個概念，那就是「成套練習」。比方說，安排在前半部週三的「斜坡衝刺跑」，與前一天的「40分鐘JOG＋WS」就是一套組合。意思就是說，為了完成隔天的斜坡衝刺跑，才會先在前一天安排了WS作為暖身。

同樣的，週末的「5㎞比賽配速跑」與「90分鐘LSD」也是成套練習。先透過比賽配速跑來培養速度感，再用LSD來補足耐力。**連做2天有強有弱的練習，就能夠培養出綜合性的跑力**。

第5輪①　賽前倒數41～35天
5週前

執行「成套練習」，練習效果也UP！

實戰練習期

5週前	41天前（一）	休養
	40天前（二）	JOG 40分 WS 3趟 (POINT 1)
	39天前（三）	斜坡 7趟 (POINT 2)
	38天前（四）	休養or輕度JOG
	37天前（五）	JOG 40分
	36天前（六）	RP跑 5km (POINT 2)
	35天前（日）	LSD 90分

POINT 1 用WS充分暖身，為隔天的斜坡衝刺跑做準備。

POINT 2 成套練習為2天一組。請確實依照順序與組合來認真練習。

memo

JOG 慢跑　LSD 長距離慢跑　WS 短距離全速衝刺
RP跑 比賽配速跑　斜坡 斜坡衝刺跑

第5輪② 實戰練習期

後半部的週末的「90分鐘LSD」與「15km持久跑」也是成套練習。這次的持久跑，要盡量以接近正式比賽配速的速度去跑。這套練習的效果，跟用比賽配速跑20km的效果一樣。

執行成套練習時，**若是不得已，只能挪出1天來做練習的話，那麼就把它集中在同一天，分成上午、下午來練習也OK。但考量到對身體造成的負擔，建議各位最好還是分成2天來進行**。此外，在執行成套練習的首日訓練時，也要記得把隔天的練習項目放在心上。

用接近比賽的跑速來做週末的成套練習！

實戰練習期

4週前	34天前（一）	休養
	33天前（二）	JOG 40分
	32天前（三）	JOG 40分 WS 3趟
	31天前（四）	休養or輕度JOG
	30天前（五）	JOG 60分 WS 5趟
	29天前（六）	LSD 90分 (POINT)
	28天前（日）	持久跑 15km (POINT)

POINT 以接近比賽配速的速度來跑持久跑。它與LSD是成套的練習，效果跟用比賽配速跑20km相同。

memo

JOG 慢跑　LSD 長距離慢跑　WS 短距離全速衝刺
持久跑 持久跑

第6輪① 實戰練習期

現在，終於要迎接sub4訓練的重頭戲了。前半部的週末安排了90分鐘的LSD與20km的持久跑。這一組成套練習雖然是強度較高的訓練，但它也是為了比賽所進行的一連串訓練的總決算。請不要偷懶、不要鬆懈，好好地跑。此時若確實做完練習，等到正式比賽時就會對自己更有信心。

成套練習可以大概分為2個種類。一種是輕度練習與高強度練習的組合，可避免累積疲勞。另一種是把2種目的不同的練習組合在一起，譬如把鍛鍊速度的練習與鍛鍊耐力的練習搭配在一起，藉此獲得卓越的成效。這種概念叫做**分習法**。分開後，再以成套的方式來實施練習，就可以各別執行更困難的訓練。與此相對的，還有另一種透過半馬等比賽來學會比賽必備要素的訓練方式，就叫做**全習法**。因此，用參加半馬等比賽的方式來取代週末的成套練習，也能獲得不錯的效果。

第6輪①　賽前倒數27～21天
3週前

留意強弱交替，用高強度訓練搭配恢復。

實戰練習期

中級者

3週前	27天前（一）	休養
	26天前（二）	JOG 40分
	25天前（三）	斜坡 5趟
	24天前（四）	休養or輕度JOG
	23天前（五）	JOG 40分
	22天前（六）	LSD 90分（POINT）
	21天前（日）	持久跑 20km（POINT）

POINT 成套練習是賽前訓練的一大重點。請好好地完成這項困難的訓練，不要偷懶或鬆懈。

memo

JOG 慢跑　LSD 長距離慢跑　斜坡 斜坡衝刺跑
持久跑 持久跑

第6輪② 恢復期

第6輪後半部是最後一次的恢復期。此時，身體應該已經很疲勞了，因此務必要讓身體充分地休息。**這次的恢復期是訓練期間內休息得最徹底的一次**。

雖說如此，卻也不能讓好不容易鍛鍊好的體力、腳力下降，因此，別忘了把週末的JOG與LSD做好。

第6輪②

賽前倒數20～14天
2週前

雖說是恢復期，也別忘了維持體力。

		恢復期
2週前	20天前（一）	休養
	19天前（二）	休養or輕度JOG
	18天前（三）	JOG 40分
	17天前（四）	休養or輕度JOG
	16天前（五）	休養
	15天前（六）	JOG 40分 WS 3趟
	14天前（日）	LSD 90分

POINT 第6輪後半段是最後的恢復期。請確實地消除身體的疲勞。

memo

JOG 慢跑　LSD 長距離慢跑　WS 短距離全速衝刺

中級者

第7輪① 調整期

最後2週是用來為比賽做準備的調整期。**各位應該謹慎地度過這段期間，好讓自己在比賽當天達到身體的最佳狀態**。

相信各位已經在恢復期讓身體充分休息了，因此在調整期的第一週，請先透過週三的「5㎞比賽配速跑」來抓回比賽配速的速度感。到了第二週，也可以用接近比賽配速的速度來執行週三的「10㎞持久跑」。做訓練的同時，別忘了回憶一下自己身上至今的練習成果。

總之，都到了這個時期了，就算勉強執行長跑訓練或速度訓練也都沒用了。比起這些，避免練習過頭、累積疲勞才是最重要的事。

第7輪①

賽前倒數13～7天
1週前

用RP跑來找回速度感。

調整期

1週前	13天前（一）	休養
	12天前（二）	JOG 60分 WS 5趟
	11天前（三）	RP跑 5km ― POINT
	10天前（四）	休養or輕度JOG
	9天前（五）	休養or輕度JOG
	8天前（六）	JOG 60分 WS 5趟
	7天前（日）	LSD 90分

POINT 讓充分休息的身體回想起比賽配速的感覺。

memo

JOG 慢跑　LSD 長距離慢跑　WS 短距離全速衝刺
RP跑 比賽配速跑

中級者

第7輪② 調整期

比賽前一天的計畫是「JOG40分鐘＋WS3趟」。透過這項練習來刺激身體，就好像在對自己的身體說：「明天萬事拜託了！」

而這裡必須注意的是，**跑WS的時候千萬不能衝得太快。此時做訓練只是要刺激肌肉而已，而不是要刺激心肺**。千萬別讓自己跑到氣喘吁吁。**請用類似「八分飽」的感覺簡單跑一下**。要是跑太快的話，到了正式比賽時，很容易會導致以過快的配速來跑前半段的比賽，因此得多加注意。

結論是，不要為了比賽努力過頭，也不要為了比賽調整過頭。在執行全程馬拉松的訓練時，懂得拿捏平衡也是一件很重要的事。

第7輪②　賽前倒數6天～當天
比賽當週

為比賽做最後調整，讓自己達到最佳狀態吧。

中級者

調整期

當週	6天前（一）	休養
	5天前（二）	休養or輕度JOG
	4天前（三）	持久跑 10km
	3天前（四）	JOG 60分
	2天前（五）	休養or輕度JOG
	1天前（六）	JOG 40分　WS 3趟 (POINT)
	馬拉松比賽　當天	

POINT WS須注意不要跑太快。做這些訓練是為了刺激肌肉，而不是刺激心肺功能。

memo

JOG 慢跑　WS 短距離全速衝刺　持久跑 持久跑

第5章

進階馬拉松訓練

夢幻的sub3　3小時內完跑！

為何是3小時？專為這種人設計！

「sub3」，也就是把時間壓在3小時之內，取得2個多小時的完跑成績。它對挑戰全馬的市民跑者來說，是一個令人憧憬的夢幻目標。

如今，頂尖運動選手的馬拉松紀錄已經來到了2小時1分多鐘，但即使是在這個持續高速化的時代裡，仍然沒有選手能突破2小時大關。就這一點來看，「2個多小時」這個時間本身，就已經跟菁英跑者屬於同一個範疇了。

但是，達成sub3的人只占了所有跑者的不到10%。相對於「只要努力就能達成」的sub4，sub3是「總有一天要達成這個夢幻成績」的等級，若不以每公里4分15秒以上（時速14㎞）的速度去跑就無法跑完。對於市民跑者而言，這是相當快的速度，並非一朝一夕就能達成的目標。想要達成這個目標，就必須有計畫地做訓練才行。

不過，每公里4分15秒的配速雖快，卻也不需要像短跑那樣全力衝刺。只要好好努力，就算是市民跑者也是有可能達到這個速度的。正因為是困難的目標，所以更值得去挑戰。

我在編排書中所介紹的訓練計畫時，基本上先思考的是這個以sub3為目標的計畫。然後再用這份計畫作為基礎，為以sub4為目標或是想在6小時內完跑的人重新調整訓練內容。

目標sub3的訓練計畫需要有策略地去規畫，因此也可以說，這裡面滿滿的都是我自己有關訓練的理論。

對挑戰sub3而言，最重要的就是配速感。跑者需要去研究如何更輕鬆地維持等速，跑出每公里4分15秒以內的配速。要竭盡所能去熟悉這個配速感。在培養基礎、鍛鍊身體、實戰練習等任何的階段中，都搭配了去意識到這個配速感的訓練。

此外，若以不上不下的狀態參賽的話，就很難達成sub3了。為了以最佳狀態赴賽，中級、進階跑者都應該要更重視「讓身體狀況與體力在比賽當天達到巔峰」這件事。

獻給進階者的5個注意事項

- ○做訓練時，時時刻刻都要重視配速感。
- ○別忘記「要如何更輕鬆地跑4分15秒配速」的感覺。
- ○為比賽培養綜合能力。
- ○制定訓練計畫時，應拿捏好平衡。
- ○讓體能在比賽那天達到巔峰。

到達此水準卻還會努力訓練自己的跑者，至少都是能以1小時40分跑完半馬的人。而像60分JOG、90分LSD這種程度的練習，對這些人來說應該都是「當然辦得到」的程度。往後，這些練習都會變成「至少該做完的練習」。

此外，**若要學會配速感，就不能只做慢慢跑的練習，否則會導致動作變遲鈍。由於需要做一些「有一定程度速度感」的練習，所以我會有效利用WS**。此時，請各位邊跑邊留意每公里4分15秒這個配速。可以的話，最好稍微跑得比比賽配速快一點，例如用每公里4分的配速去跑，或是再快一點也行。

第1輪①

賽前倒數99～91天
14週前～13週前

進階者

做一些具有速度感的訓練。

基礎訓練期

14週前	99天前（六）	WALK 40分	WS 3趟
	98天前（日）	WALK 60分	
13週前	97天前（一）	休養	
	96天前（二）	休養or輕度JOG	
	95天前（三）	WALK 40分	WS 3趟
	94天前（四）	休養or輕度JOG	
	93天前（五）	休養or輕度JOG	
	92天前（六）	JOG 40分	WS 3趟
	91天前（日）	LSD 90分	

POINT 積極採用WS練習，藉此培養速度感。

memo

WALK 步行／競走　JOG 慢跑　LSD 長距離慢跑
WS 短距離全速衝刺

第1輪② 基礎訓練期

本週與上一週的計畫中都排有「休養日」。即便如此，要是有時間的話還是積極地慢跑一下吧。「輕度JOG」的參考基準大約是40～60分鐘左右。

另外，之後會更加充分地鍛鍊跑步。為了更重視這份節奏感，**請別忘了它是以1週為一個週期**。比方說，你可以固定替週三、週六、週日安排較嚴格的訓練，其他則安排輕鬆一點的訓練，然後讓身體習慣這個練習節奏與週期。

這份訓練計畫是專為已經具備基礎跑力的人所設計的，所以從一開始就以JOG＋WS、LSD作為主要練習。

第1輪②　賽前倒數90～84天
12週前

讓身體熟悉訓練的週期。

進階者

基礎訓練期

12週前	90天前（一）	休養
	89天前（二）	休養or輕度JOG
	88天前（三）	JOG 60分　WS 5趟
	87天前（四）	休養or輕度JOG
	86天前（五）	休養or輕度JOG
	85天前（六）	JOG 60分　WS 10趟
	84天前（日）	LSD 120分

POINT 替週三、週六、週日安排較嚴格的訓練，並讓自己去習慣這個訓練節奏與週期。

memo

JOG 慢跑　LSD 長距離慢跑　WS 短距離全速衝刺

第2輪① 基礎訓練期

第2輪前半部的訓練計畫跟第1輪的大同小異。**跑步時，請時時留意自己使用的配速，看看每公里大約要花多少時間**。如果用身體的負荷來判斷配速的話，就會因為身體狀況不同而出現誤差，因此，**請養成用「視覺」來判斷配速的習慣**，即「如果是這個配速的話，周遭景色的流動速度大概是多快」。

我在這一輪前半部的週日，安排了120分鐘的LSD。擔心自己耐力不足的人，不妨改成跑180分鐘試試看。

第2輪①

賽前倒數83~77天
11週前

透過「視覺」來判斷配速

基礎訓練期

進階者

11週前	83天前（一）	休養
	82天前（二）	休養or輕度JOG
	81天前（三）	JOG 60分 WS 5趟
	80天前（四）	休養or輕度JOG
	79天前（五）	休養or輕度JOG
	78天前（六）	JOG 60分 WS 5趟
	77天前（日）	LSD 120分 → POINT

POINT 對耐力沒自信的人可以試著練習跑180分鐘的LSD，而不是120分鐘。

memo

JOG 慢跑　LSD 長距離慢跑　WS 短距離全速衝刺

第2輪② 恢復期

本週是恢復期。訓練到現在，應該累積了許多疲勞吧。但是，此時還是**要將「在正式比賽時達到顛峰」這件事放在心上**，所以這邊只會調整JOG與LSD的平衡，讓訓練變得輕鬆一點而已。**別忘了訓練計畫是從比賽當天開始往回推算規畫而成**。從下一輪開始，訓練將會變得愈來愈辛苦，因此，請各位趁這個期間讓身體好好地休息一下。

以sub3為目標的人應該一直以來都有自行做練習吧。因為每個人累積下來的訓練程度不同，所以感受到的疲勞感或成就感也不盡相同。各位應該一下子就能習慣這種難度與練習量了，所以即便覺得有點辛苦，也要積極地投入練習。如果覺得哪邊不足就增加一點練習量吧。不過，我還是希望各位在恢復期能好好讓身體休息。

第2輪②　賽前倒數76～70天
10週前

時時將考量到「巔峰」的訓練計畫放在心上。

進階者

恢復期

10週前	76天前（一）	休養
	75天前（二）	休養or輕度JOG
	74天前（三）	JOG 60分
	73天前（四）	休養or輕度JOG
	72天前（五）	休養
	71天前（六）	JOG 90分 WS 5趟
	70天前（日）	JOG 60分

POINT 考量到之後要以最佳狀態赴賽，透過較輕度的練習來讓身體恢復。請將後續的訓練計畫放在心上。

memo

JOG 慢跑　WS 短距離全速衝刺

第3輪① 鍛鍊身體期

自這一輪起，我們要開始認真鍛鍊身體了。

首先在前半部就安排了「比賽配速跑」。此練習的重點在於，要確實以「每公里4分15秒」的配速好好地跑，並且「讓身體熟悉這個配速」。由於在毫無準備的狀態下突然要跑出每公里4分15秒的配速相當困難，**因此在執行比賽配速跑之前，應該要先好好進行暖身，等身體熱了再開始努力訓練**。

比賽配速跑的前一天排有WS練習。在做這個訓練時也要意識到隔天的比賽配速跑，用較快的速度好好刺激一下身體。

比賽配速跑的隔天是90分鐘的LSD，週六則是120分鐘的LSD。「以高配速練跑後，隔天再透過LSD補充耐力」也是很重要的概念，因此這些練習都是重點練習。換句話說，一週內有3次重點練習。

第3輪①　賽前倒數69～63天
9週前

透過比賽配速跑來更貼近實戰狀況！

鍛鍊身體期

9週前	69天前（一）	休養
	68天前（二）	JOG 60分　WS 3趟 （POINT 2）
	67天前（三）	RP跑 5km （POINT 1）
	66天前（四）	LSD 90分
	65天前（五）	JOG 60分
	64天前（六）	LSD 120分
	63天前（日）	JOG 60分

進階者

POINT 1 執行比賽配速跑之前，應該要先確實暖身。

POINT 2 比賽配速跑的前一天要透過WS刺激身體。而隔天的LSD則是用來補充耐力。拿捏平衡對訓練來說非常重要。

memo

JOG 慢跑　LSD 長距離慢跑　WS 短距離全速衝刺
RP跑 比賽配速跑

第3輪② 鍛鍊身體期

本週三的練習是「斜坡衝刺跑」10趟。週末則排有90分鐘的越野跑，以及20km的持久跑（以每公里4分30秒～45秒左右的配速去跑），2天合計跑40km左右。

雖然練習變得愈來愈辛苦，但還是要好好地練跑。目前這個階段，用每公里4分45秒的配速來跑持久跑就行了。不過，記得要確實掌握自己的配速，看看自己跑的速度目前究竟是每公里4分30秒？還是40秒？抑或是45秒？

第3輪②　賽前倒數62～56天
8週前

練習持久跑時，應確實掌握配速！

鍛鍊身體期

8週前	62天前（一）	休養
	61天前（二）	JOG 60分
	60天前（三）	斜坡 10趟
	59天前（四）	休養or輕度JOG
	58天前（五）	JOG 60分
	57天前（六）	越野跑 90分
	56天前（日）	持久跑 20km ● POINT

POINT 這個階段練持久跑時，應該邊跑邊確實掌握自己的配速。

memo

JOG 慢跑　斜坡 斜坡衝刺跑　越野跑 越野跑　持久跑 持久跑

第4輪① 鍛鍊身體期

第4輪前半部的訓練內容跟第3輪相同。這一輪前半部的週日排有LSD練習，而擔心自己耐力不足的人也可以像第2輪那樣，將120分鐘延長到180分鐘。不過，**請勿延長前一天越野跑的練習時間**。由於已經累積了不少疲勞，所以要注意安全，防止運動傷害。而隔天執行LSD訓練時，記得要邊觀察越野跑為自己帶來多少疲勞。

下一週是恢復期，所以跟第2輪一樣，要一邊降低練習量，一邊讓身體徹底消除疲勞。

當心運動傷害，注意健康管理！

鍛鍊身體期

7週前	55天前（一）	休養
	54天前（二）	JOG 60分
	53天前（三）	斜坡 10趟
	52天前（四）	休養or輕度JOG
	51天前（五）	JOG 60分
	50天前（六）	越野跑 90分 POINT
	49天前（日）	LSD 120分 POINT

POINT 越野跑請勿超過90分鐘，以免造成運動傷害。不過，若是擔心耐力不足的話，可以將LSD延長至180分鐘。

memo

JOG 慢跑　LSD 長距離慢跑　斜坡 斜坡衝刺跑
越野跑 越野跑

第4輪② 恢復期

來到這個水準之後，訓練會變得相當困難。因此，一連串的身體養護動作也變得非常重要。做準備運動↓暖身↓訓練↓收操↓做伸展操或冰敷等。此外，在恢復期的那一週也可以去按摩1～2次，以緩解疲勞。**尤其是背部、腰等軀幹部位都特別容易囤積疲勞。**雖然軀幹不會像腳部那樣馬上就感覺到痠痛，但是它對跑步的影響甚大，因此要多加留意，別讓它囤積疲勞。

這個時期的配速感，自然是因各人的腳力而異。不過此時的重點在於「用多少的配速去跑會有多少疲勞感」，請以每公里5～10秒的幅度，一邊控制速度一邊掌握那種差異。

第4輪②

賽前倒數48～42天
6週前

好好地養護自己的身體！

恢復期

6週前	48天前（一）	休養
	47天前（二）	休養or輕度JOG
	46天前（三）	JOG 60分
	45天前（四）	休養or輕度JOG
	44天前（五）	休養
	43天前（六）	JOG 90分 WS 5趟
	42天前（日）	JOG 60分

POINT 當心軀幹囤積疲勞。可透過按摩等方式來消除疲勞。

memo

JOG 慢跑　　WS 短距離全速衝刺

進階者

第5輪① 實戰練習期

以sub3為目標的訓練從這週開始終於要漸入佳境了。這是賽前最重要的時期。這一輪前半部的週三要練習斜坡衝刺跑。跟第3、第4輪一樣，都是跑10趟。與其把它當成困難的訓練，我更希望大家用「給予身體速度上的刺激」這種感覺來做訓練。前一天（週二）做完60分鐘的JOG之後，就用WS給予刺激，讓身體進入狀態。重點是跟第3、第4輪的鍛鍊身體期相比，是否覺得跑起來比較輕鬆了呢？

本週最大的重點練習是30km持久跑。請以4分30秒～45秒的配速持續跑下去。後半段配速難免會變慢，但此時若能以每公里4分30秒的配速跑下去，那就有望達成sub3了。此外務必要執行隔天的2km比賽配速跑×5趟。若是用4分30秒的配速跑完持久跑，卻沒跑隔天的比賽配速跑，就會導致練習效果減半。另外在每趟配速跑之間應間隔3分鐘左右。

第5輪①

賽前倒數41～35天
5週前

30km的持久跑讓你有望達成sub3。

實戰練習期

5週前	41天前（一）	休養
	40天前（二）	JOG 60分 WS 3趟
	39天前（三）	斜坡 10趟
	38天前（四）	休養or輕度JOG
	37天前（五）	JOG 60分
	36天前（六）	持久跑 30km（POINT）
	35天前（日）	RP跑 2km×5趟（POINT）

POINT 30km持久跑是本週最大的重點。請以每公里4分30秒～45秒的配速來跑。它跟隔天的5趟2kmRP跑是成套練習，兩者都要確實完成。

memo

JOG 慢跑　WS 短距離全速衝刺　RP跑 比賽配速跑
斜坡 斜坡衝刺跑　持久跑 持久跑

進階者

第5輪② 實戰練習期

還剩4週就要比賽了。本週的前半段會稍微減少練習量。

週六做完ＬＳＤ後，週日也要努力練習20km的持久跑。請想像自己正在跑全馬的前半段，盡可能用接近比賽配速的速度來跑。

由於現在已經鍛鍊出不少耐力了，因此就算腳步變得沉重，也不太會對身體造成傷害。只要至今為止的訓練都有按部就班地完成，體力也鍛鍊得不錯的話，就有機會成功。

賽前倒數4週。前半部稍稍減少練習量。

實戰練習期

4週前	34天前（一）	休養
	33天前（二）	JOG 40分
	32天前（三）	JOG 60分
	31天前（四）	休養or輕度JOG
	30天前（五）	JOG 60分　WS 5趟
	29天前（六）	LSD 150分
	28天前（日）	持久跑 20km ● POINT

POINT 雖然週六練LSD的疲勞應該還沒消除，但週日的持久跑還是要以接近比賽配速的速度去跑。

memo

JOG 慢跑　LSD 長距離慢跑　WS 短距離全速衝刺
持久跑 持久跑

第6輪① 實戰練習期

以sub3為目標的實戰練習也要進入尾聲了。最後的重點練習是前半部週六的30km持久跑。若有好好地跑完第5輪最後的20km持久跑，那麼，這次的持久跑用每公里4分30秒的配速去跑也沒問題。確實跑完30km才是重點。

第5輪最後的20km持久跑跟這一輪的30km持久跑是連貫的練習。在中間銜接兩者的則是倒數第25天的15km BU跑（漸進加速跑）。練習時，請一邊回想上一週的20km持久跑，一邊想像週末的30km持久跑。

執行前半部最後的120分鐘LSD時，請想像它是前一天30km持久跑的加長版緩和運動。**此時最重要的就是「封住耐力」的感覺**。在執行完速度感較強的練習後，隔天應該慢慢地跑長距離，如此一來就能把耐力鎖在身體裡，防止它流失。

第6輪① 賽前倒數27～21天
3週前

藉由跑較長的距離來保留耐力。

實戰練習期

3週前	27天前（一）	休養
	26天前（二）	JOG 60分
	25天前（三）	BU跑 15km
	24天前（四）	休養or輕度JOG
	23天前（五）	JOG 60分
	22天前（六）	持久跑 30km（POINT 1）
	21天前（日）	LSD 120分（POINT 2）

POINT 1 最後的重點練習。用每公里4分30秒的配速好好跑完。

POINT 2 因前一天累積了疲勞，所以請將它想像成長一點的緩和運動。「封住耐力」的感覺相當重要。

memo

JOG 慢跑　LSD 長距離慢跑　持久跑 持久跑
BU跑 漸進加速跑

進階者

第6輪② 恢復期

第6輪後半部是賽前最後一次的恢復期。週六的訓練不僅有JOG，還有短短1km的比賽配速跑。而這麼安排是為了讓身體回想起比賽的速度感。

然後，週日就慢慢地跑完120分鐘的LSD。這邊也一樣，**一喚醒速度感後，就把耐力封起來吧**。都準備到這份上了，應該要避免勉強自己長時間跑步。沒必要將120分鐘的LSD延長到180分鐘。

第6輪②

賽前倒數20～14天
2週前

進階者

用賽前最後的恢復期來找回速度感！

恢復期

2週前	20天前（一）	休養
	19天前（二）	JOG 40分
	18天前（三）	JOG 60分 WS 3趟
	17天前（四）	休養or輕度JOG
	16天前（五）	休養
	15天前（六）	JOG 40分 RP跑 1km
	14天前（日）	LSD 120分 — POINT

POINT 一旦找回速度感，就保留耐力吧。

memo

JOG 慢跑　LSD 長距離慢跑　WS 短距離全速衝刺
RP跑 比賽配速跑

第7輪① 調整期

安排在比賽前11天（週三）的15㎞漸進加速跑是銜接練習，它是用來為之後週六的20㎞持久跑做準備。如果不覺得疲勞，那就迅速做完它。但如果覺得身體還有點疲勞，那反而要提高配速，給予身體刺激。不過，週五的WS應該盡量給予較少的刺激。

本週最大的重點是賽前倒數第8天的20㎞持久跑。**請想像自己正在跑全程馬拉松的前半賽程，並注意自己的姿勢。這一天不妨模擬比賽當天，在同一個時間起床、用餐、做準備，然後再配合比賽開跑的時間開始做訓練，這樣將會有不錯的效果。**

第7輪①

賽前倒數13~7天
1週前

進階者

進行比賽當天的預演！

調整期

1週前	13天前（一）	休養
	12天前（二）	JOG 60分 WS 3趟
	11天前（三）	BU跑 15km
	10天前（四）	休養or輕度JOG
	9天前（五）	JOG 40分 WS 3趟
	8天前（六）	持久跑 20km（POINT）
	7天前（日）	LSD 120分

POINT 請想像自己在跑前半的賽程，注意節奏與姿勢。

memo

JOG 慢跑　LSD 長距離慢跑　WS 短距離全速衝刺
持久跑 持久跑　BU跑 漸進加速跑

第7輪② 調整期

上週日已經透過120分鐘的LSD來保留耐力了，最後這週就來微調吧。比賽倒數第4天的10km漸進加速跑是銜接練習，具有連接上週的重點練習（20km持久跑）與正式比賽的效果。隔天練習90分鐘的LSD時，別忘了要「封住耐力」。到了比賽前一天，也就是週六時，就用2km的比賽配速跑為自己的身體帶來最後的刺激吧。**雖說是調整，但是到最後一刻為止，都要用心去做練習**。

大家一路下來，不斷地做同樣的練習，並慢慢將水準提升至此。從比賽當天開始往回推算，再將各個重點練習銜接起來，並保留住耐力——各位是像這樣一點一滴地培養速度與耐力，才走到今天的。做到這份上已經算是準備萬全了，拿出自信參加比賽吧！

謹慎地做好最後的調整。走吧！赴賽囉！

調整期

當週	6天前（一）	休養
	5天前（二）	JOG 40分 WS 3趟
	4天前（三）	BU跑 10km
	3天前（四）	LSD 90分
	2天前（五）	休養or輕度JOG
	1天前（六）	JOG 40分 RP跑 2km ← POINT
	馬拉松比賽　當天	

POINT 比賽前一天也要好好地動動身體。一面想像隔天的比賽，一面刺激身體。

memo

JOG 慢跑　LSD 長距離慢跑　WS 短距離全速衝刺
RP跑 比賽配速跑　BU跑 漸進加速跑

第6章

30天密集訓練

從現在開始也沒問題
獻給沒時間的你

距離比賽還剩1個月為了跑完全程的最終手段！

「周遭的人推薦我參加」、「無論如何都想挑戰看看」等等，應該也有些人雖然為此而報名全程馬拉松，卻錯過了開始做訓練的機會，直到現在都還沒練習吧。如果你也是這樣的人，那麼你有辦法平順地跑完全馬嗎？雖然有違你的期待，但我還是得坦白地說：「沒辦法。」

全馬沒有「偶然」。不可能會出現「完全沒練習，但到了正式比賽時突然就辦到」這種事。我希望大家明白，馬拉松的妙趣不只存在於比賽中，也包含了直到正式比賽之前的整個訓練過程。要全部加起來，才叫做「馬拉松」。

不用說也知道，42・195㎞是相當長的距離。因為至少需要一定程度的基礎體力，所以不練習就直接參賽的話，真的很難跑完。就算有辦法跑完，賽後對身體造成的傷害應該也不小。不過，這無關乎年齡、性別或運動經驗，只要能穩紮穩打地進行訓練，那麼，要跑完這個距離絕非難事。

在此，我假設距離比賽只剩1個月的人想挑戰馬拉松完跑，然後以「至少把可以做的事做一做」為宗旨，試著設計了一套訓練計畫。

在這種情況下也有幾個應該要注意的地方。首先，**至少要在2週內達到可跑15km的程度，並且要有辦法跑完120分鐘的LSD**。光是要實現這兩點，就需要相當嚴格的訓練了。由於安排休養的方式受限，所以也會伴隨肌肉痠痛的現象。但是，為了不讓好不容易鍛鍊起來的肌力下滑，還是得忍耐一些肌肉痠痛，好好地適應並進行訓練才行。因為時間有限，所以才不得不這麼做。希望各位多加努力。

密集訓練並非首選

如果距離比賽還剩2個月的時間，那也可以試著先花1個月執行此訓練，然後最後那個月，再按照初級者的第6輪、第7輪（請參考116～123頁）計畫來進行訓練。

儘管花1個月做訓練還是有機會跑完全馬，但無論如何，我依然不建議大家這麼做。因為這麼做的危險性非常高，很容易受傷。即使能夠跑完馬拉松，若是你的心中有一絲後悔的話，那麼我希望你在下次挑戰比賽的時候，務必要好好規劃訓練計畫，並按照計畫做訓練後再去挑戰。

密集訓練的5個注意事項

○注意姿勢，好好地進行走路訓練。

○至少要在2週內達到可跑15km的程度。

○一定要執行120分鐘的LSD。

○趕時間的密集訓練很容易受傷，務必格外小心。

○要好好適應肌肉痠痛，持續練習，以免肌力下滑。

第1輪① 密集訓練導入期

距離比賽只剩1個月了。平常幾乎沒有在活動身體的人，大概連走久一點都覺得懶吧。**一開始先讓自己能夠確實地競走吧**。等到有辦法連續走一段時間之後，再配合JOG慢慢拉長跑步的時間。

希望各位練到週日（倒數第21天）時，都有辦法跑完60分鐘的JOG了。雖然跑1個小時之後，就會覺得相當困難，但為了跑完1個月後的全程馬拉松，這點程度的訓練還是要做完才行。

第1輪①

賽前倒數29～21天
4～3週前

讓身體熟悉訓練週期。

密集訓練導入期

4週前	29天前（六）	WALK 60分 JOG 10分
	28天前（日）	WALK 60分 JOG 20分
3週前	27天前（一）	WALK 30分
	26天前（二）	WALK 30分
	25天前（三）	WALK 60分 JOG 30分
	24天前（四）	WALK 30分
	23天前（五）	WALK 30分
	22天前（六）	WALK 30分 JOG 40分
	21天前（日）	WALK 20分 JOG 60分 ● POINT

POINT 雖然是從步行開始練習，但希望大家在倒數21天時，已經能夠跑60分鐘了。

memo

WALK 步行／競走　JOG 慢跑

第1輪② 密集訓練導入期

安排在週六（倒數第15天）的90分鐘ＬＳＤ是本週的最大重點。請各位盡量不要用走的，即便跑慢一點也沒關係，努力完成它。

「步行」與「跑步」之間具有強烈的連結性，還有相當多的共通點。先從好好走路練起，之後自然就能跑更長的時間。由此可見，培養正確姿勢是很重要的一件事。明明沒有充足的體力，卻用很容易消耗體力的姿勢去跑或是走的話，就會變得更難跑完，而且也很容易在練習的過程中受傷。要讓自己能輕鬆地走、輕鬆地跑。注意別彎腰駝背，讓身體去熟悉正確、較大的姿勢。

第1輪②

賽前倒數20～14天
2週前

30天
密集訓練

把90分鐘的LSD跑完吧。

密集訓練導入期

2週前	20天前（一）	休養 or WALK 30分
	19天前（二）	休養 or WALK 30分
	18天前（三）	JOG 60分
	17天前（四）	WALK 45分 JOG 15分
	16天前（五）	WALK 45分 JOG 15分
	15天前（六）	LSD 90分 — POINT
	14天前（日）	WALK 60分

POINT LSD是第1輪的最大重點。
盡量慢慢跑，好讓自己能夠連續跑90分鐘不停下來。

memo

WALK 步行／競走　JOG 慢跑　LSD 長距離慢跑

第2輪① 調整期

馬上就來到最後2週了。雖然不練體力不行，但實際比賽時，若是以極度疲勞或是帶傷的狀態參賽，就真的很難跑完了。**為了比賽，在鍛鍊體力、進行調整的同時也要稍事休息**。

本週的前半部先徹底休養一番。突然做這麼多運動，肯定會引發肌肉或關節疼痛的症狀。因此，請藉著徹底休養，一點一點地消除疲勞。

在一連串的訓練計畫當中，最大的重點就是倒數第8天的「120分鐘LSD」。為了完成這項訓練，各位必須反覆練習JOG與WALK鍛鍊體力才行。

第2輪①
賽前倒數13~7天
1週前

一面增強體力，一面配合比賽做調整。

調整期

1週前	13天前（一）	休養
	12天前（二）	休養
	11天前（三）	JOG 60分
	10天前（四）	WALK 45分
	9天前（五）	WALK 45分
	8天前（六）	LSD 120分 ● POINT
	7天前（日）	WALK 60分

POINT
120分鐘的LSD是最辛苦的訓練。
為了完成這項訓練，
要反覆練習JOG與WALK，做好準備。

memo

WALK 步行／競走　JOG 慢跑　LSD 長距離慢跑

第2輪② 調整期

如果至今訓練得還算順利的話，等到倒數第4天做60分鐘的JOG練習時，應該就會切身感受到，這次跑起來比剛開始訓練的時候輕鬆許多。

正式比賽時，以身體感覺有點沉重的狀態去挑戰反而比較好，所以前一天也要藉由90分鐘的LSD，慢慢地跑完較長的距離，動一動身體。

關於比賽的跑法，各位可以把它想像成重複做5套「JOG60分鐘＋WALK10分鐘」。預估的配速是每公里8分鐘，輕鬆地跑。就跟練習時一樣，不要著急慢慢地跑，如此一來就有機會成功完跑。

賽前動動身體也很重要！

調整期

當週	6天前（一）	休養
	5天前（二）	休養
	4天前（三）	JOG 60分
	3天前（四）	WALK 60分
	2天前（五）	WALK 60分
	1天前（六）	LSD 90分 ● POINT
	馬拉松比賽　當天	

POINT 前一天要慢慢地、長時間地活動身體。即使比賽當天覺得身體有點沉重也沒關係。

memo

WALK 步行／競走　JOG 慢跑　LSD 長距離慢跑

第7章

馬拉松的種種Q&A

一口氣解決馬拉松的相關疑問！

小孩子們用不著別人教，就會在公園內四處奔跑。「跑步」對我們來說，是從小就很熟悉的行為。同時，它在所有的運動項目當中也屬於最基本的動作。

但是，接觸到馬拉松訓練後，各位應該就能體會到，「跑步」這件事究竟有多麼深奧、多麼困難了。各位的心中應該已經浮現出不少疑問了，好比基礎訓練到底該怎麼做才好？或者是比賽時該注意什麼？現在就讓我們一起來看看，在馬拉松的各種情況中會出現哪些常見的問題，並回答各位的疑問吧。

Q 跑步時，手臂到底該如何擺動呢？

A 擺動手臂原本是為了活動骨盆，讓上半身與下半身連動的動作。重點在於，並不是單靠肩膀來擺動手臂，而是要從肩胛骨開始擺動手臂。因此，「用良好的姿勢站立」就顯得很重要了，它關係著良好的跑姿。跑步時，記得注意肩胛骨並擺動手臂，然後藉此讓身體熟悉正確的擺臂方式。

擺臂時，往後收的動作會比往前擺的動作還要重要。切勿過度用力，可以將注意力放在小指或無名指上，然後像是將手肘往後方拉一樣，如此一來就能順順地擺動手臂了。

Q 比賽前有必要做「跑40km」之類的練習嗎？

A 我認為跑30km已經具有充分的練習效果了，因此本書的訓練計畫才會特意不安排跑40km。不過，若有辦法在比賽前跑40km的話，當然能期待更棒的效果。此外，「跑了40km」也能帶給自己精神上的安心感，因此對比賽具有正面效果。只是，要找到「執行的時機」就比較難了。

再加上它所帶來的疲勞與傷害較大，所以，從執行練習到身體產生反應、發揮練習成效為止，會比想像中還要花時間。如果想在比賽中發揮跑40km的練習成效，那麼最好提前3週～1個月進行練習。

Q 該如何掌握距離與配速呢？

A 在晉升到中級者之前，即使沒有仔細掌握每公里花幾分鐘也沒關係，只要能管理自己的跑步時間就行了。

但是，在全程馬拉松的世界裡，掌握配速感是非常重要的一件事，尤其對進階跑者來說，掌握配速更是必要條件。

跑者要先找到一條能夠掌握每公里距離的路線，再透過計時來確認自己是以多少的配速在跑。很多機器都具有偵測配速感的功能，例如附有心率偵測及GPS機能的手錶、心律調節器、智慧型手機等，但這些都是會產生誤差的東西。人體的感覺反而比較精準。事實上，頂尖運動員甚至能夠分秒不差地掌控配速。請努力提高自己體內時鐘的精準度吧。

另外，在練習掌握配速感時，切勿以「痛苦程度」來做判斷。這樣做很容易因為身體狀況、體重、疲勞程度的不同，而產生感受上的誤差。最重要的是，應透過鐘錶一邊確認時間，一邊觀察周遭景色的流動速度，然後藉由「視覺」記住該配速的感覺。此外，晚上時容易覺得速度比較快，必須注意一下。

Q 市面上有各式各樣的鞋墊、加壓裝，實際上到底有沒有用呢？

A 近期，在馬拉松熱潮的影響下，各廠商開始搶著開發新商品，因此市面上也出現了各式各樣的高機能性商品。這乃是消費者的福音。

然而必須注意的是，就算時下正在流行某項商品也不要馬上使用。此時應該要仔細研究一下機能，若覺得可以接受再使用。

應該也有些人會使用貼紮吧，但是在練習容易大量出汗的長跑時，貼紮發揮效果的時間就會減短，有時候反而會破壞身體的平衡。加壓矯正裝也有可能出現同樣的問題。

裝備固然很重要，但是別忘了，選擇適合自己身體的裝備才是最重要的事。

其實，頂尖運動員都是以極為簡便的服裝上陣。基本上，馬拉松是一種無法蒙混過關的運動，因此終究還是要重視「鍛鍊自己的身體」這件事。別忘了，裝備不過是輔助而已。

Q 肌力訓練真的有必要嗎？

A 平時運動不足的新手，大多都非常缺乏跑步的基礎體力，因此肌力訓練還是有效果的。除了靠深蹲等運動來鍛鍊腳力之外，還可以鍛鍊腹肌、背肌等軀幹部分，讓作為跑步基礎的肌力變得更加有力。此外，對於進階跑者來說，想要預防身體受傷時，肌力訓練同樣有很好的效果。

不過，各位應該要理解，馬拉松只需要最低限度的肌力。在跑馬拉松的時候，身體是愈輕盈愈好。但是練肌力練過頭的話，體重就會增加，因此千萬不可練過頭。這並不是在練健美，因此肌力訓練頂多只能作為輔助而已。希望各位能藉由跑步逐步強化必要的肌力。

Q 體重控制在什麼程度比較好？

A 透過身高與體重的關聯性計算出來的ＢＭＩ指數（Body Mass Index）即是參考指標之一。ＢＭＩ是以「體重（kg）／身高（m）的平方」算得的數值。它是一種判定肥胖程度的基準，並且與體脂率有著密切的關係。

ＢＭＩ指數的標準值為22・0，但跑者的體重往往都會比這個標準值的體重還要輕一點。因此，若要調整體重的話，只要讓ＢＭＩ值落在20～22的範圍內就行了。比方說，如果是身高１６５㎝的人，那麼他的標準體重就是59・9kg，BMI則是22・0。當體重降到54・5kg時，BMI就會變成20・0。因此他只要將體重控制在54・5kg～59・9kg之間，就等於擁有跑者的理想體重了。

比賽篇

Q 參加比賽應該要準備哪些東西？

A 除了要準備參賽通知信或事先領取好的號碼布之外，還要準備鞋子、衣物、帽子、袖套、手套、太陽眼鏡、OK繃（男性可貼在乳頭上，防止乳頭因與衣服摩擦而疼痛）、毛巾、替換衣物、指甲剪等。

修護身體的東西最好也帶一下，例如消炎鎮痛劑、凡士林等。另外，下雨或氣溫較低時，帶一點橄欖油或嬰兒油也很好用。因具有防水效果，所以可以提升保溫性。或者也可以事先抹一點在大腿前面、手臂、腹部、膝蓋等部位上。

另外，覺得自己可能會跑得比較久的人，也可以在腰包裡放一些營養補充品之類的食物。

我總是將這些要帶去比賽的東西裝在一起。要是比賽當天忘記帶就麻煩了，所以我都會事先整理好。

Q 比賽前該如何注意飲食呢？

A 賽前飲食最好以碳水化合物為主，它可以轉換成跑步所需的能量。米飯、義大利麵、麻糬都是不錯的選擇。

此外，參加跑步比賽會對肝臟造成負擔，因此比賽前最好少喝點酒。

還有，喝東西的時候也要注意溫度，為了避免肚子受寒，請不要喝冰的東西。比方說，喝之前可以加點熱水調整溫度。

比賽當天也是以攝取碳水化合物為主。大概吃2顆飯糰加1根香蕉的程度就行了。如果是參加日本國內的比賽，那也可以吃一些配菜較少，以米飯為主的日式定食等等。香蕉富含礦物質，很適合馬拉松比賽，因此相當受跑者歡迎。它偶爾也會出現在補給站。

還有，吃飯也要挑選時機。剛用完餐後，血液會集中在內臟，因此要提早一點吃比較好。如果是目標sub3的跑者，最好在比賽開始前3個小時左右用餐。不過，如果是跑6個小時才會抵達終點的人，這麼做就會在跑步的過程中感到飢餓。跑步時，應該盡量避免空腹，因此最好趁開跑前再吃點東西。

Q 比賽前該怎麼暖身呢？

A 暖身可以預防受傷，讓身體發揮出最佳表現，因此非常重要。第一步就是確實地溫暖身體與肌肉。除了伸展關節與肌肉之外，保險起見再加上步行吧。

以sub3為目標的人更是要簡單地慢跑一下，讓自己的身體活絡起來。目標sub3必須以每公里4分15秒以內的比賽配速去跑，但是，跑者必須要充分地暖身，才有辦法從一開始就用這個配速去跑。

不過，其他的人應該不需要透過慢跑來暖身吧。只要將前10km當作暖身，慢慢地開跑就行了。

冬天時，可能會因為在起跑線上等待太久而導致身體變冷。近來，市面上也有一些能替肌肉保溫的乳霜產品，也可以多加利用。用不夠暖的身體直接開跑的話，可能會造成膝蓋、腳踝等關節疼痛，因此要多多當心。

Q 該以什麼樣的心情去挑戰比賽呢？

A 首先，開跑前應該要壓抑興奮感，讓自己冷靜下來保持沉著，這一點非常重要。等到開跑後，再以「起承轉合」來思考就好。

「起」就是比賽剛開始的部分。此時最重要的就是「配速不能過快」。開跑後，身邊的跑者會興奮地往前衝，而且自己也會不斷地被其他跑者超越，但是，請各位不要受到迷惑，把精力放在「控制自己的配速」上吧。

跑了10km，逐漸習慣比賽的節奏之後，接下來就是「承」了。此時正是自己的跑步節奏變好、正要進入狀態的時候。雖然會不自覺地想要提升速度，但還是要忍住！只要現在先忍耐，維持原本的配速，等到接近終點時，必定能展現頑強的耐力。

「轉」是25km前後。即便前面有好好忍耐，一路維持緩慢的配速，跑到這裡也會開始覺得有點累了。雖說此時是需要努力的時刻，但重點依然是「切勿努力過頭」。倘若「要努力！」的念頭太過強烈，就會導致身體變得僵硬。請回顧起跑線上的初心，想起基本的態度。在確認過目標的比賽配速與當前的配速之後，就可以把注意力放在「放鬆地跑步」上。此時不妨把腰桿挺直，在大腿或後頸等身體部位灑點水，讓自己振奮一下。

最後就是「合」了。抵達終點前是一連串的辛苦路程，但還是要忍耐，堅忍地跑下去。請努力不要用走的，或是讓速度下滑。一旦來到最後的1km，任誰都是再痛苦也跑得下去。因為再過不久就可以從忍耐中解脫了，充滿榮耀的終點正在前方等著自己。請拿出最後的力量，朝著終點前進吧。

Q 怎樣分配比賽配速才算理想？

Ⓐ 請各位看看下圖。這張圖上顯示著某兩位選手的比賽配速。

許多跑者常犯的「配速過快」，就是指前半段時覺得身輕如燕，跑得飛快，但後半段速度就掉下來了。愈接近終點，愈是特別容易發生配速下滑的情況，因此過了30㎞之後，比賽將會變得非常辛苦。

另外，理想的配速分配則是從前半段開始慢慢地提高配速，到了後半

■比賽的配速分配

下圖為兩位選手的比賽過程。
跑馬拉松時，最常犯的錯誤就是比賽初期的配速過快。
①特別是剛開始跑的時候，一定要忍耐，不能將速度提升太多。
②通過中間點之後，愈接近終點，愈會覺得疲勞。
　此時就要擠出前半段保留下來的餘力，拿出毅力跑下去。

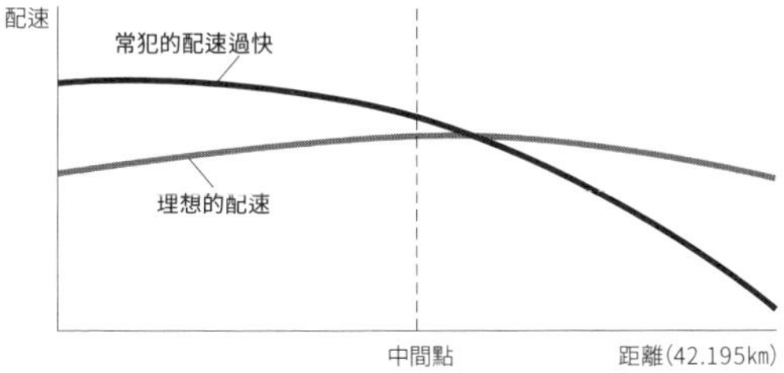

段時，即使配速稍有下滑也要靠毅力來縮小下滑幅度。假如一直用相同的速度在跑，到了後半段還是會累積疲勞，所以主觀上會覺得後半段的努力程度變得比較大。因此最重要的就是，前半段要如何讓自己不要太努力，後半段要如何保有餘力努力跑下去。

即使是打破世界紀錄的配速，在最後階段也會出現配速稍微下滑的現象。但是，只要剛開始的時候能夠忍耐一下，不要讓配速提升太多，那麼到了尾聲時，就一定能堅持跑下去。「比賽初期的忍耐」才是馬拉松比賽過程中的最大重點。

Q 補充水分時應注意什麼？

A 無論是花時間慢慢跑到終點的跑者，還是挑戰sub3的跑者，最好每個給水站都要取水。如果是每3㎞設有一個給水站的話，那麼只要跳過一站就會變成跑6km才能喝一次水。若是每5km設有一站，那麼跳過一站，就等於是10km之內都無法補充水分。這樣可能會對後續造成莫大的傷害。

水除了用來喝之外，潑灑在頭、後頸、膝蓋或大腿等腳部上，也具有不錯的效果。尤其在炎熱季節的比賽中更是有效。

挑戰sub3的跑者最好學頂尖跑者那樣迅速補充水分，別花時間慢慢來。至於目標完跑的跑者就不要勉強自己，邊走邊補充水分吧。雖說補充水分相當重要，但也不能喝太多。喝到滿肚子都是水就無法盡情地跑了。

Q 如何處理比賽中的意外狀況？

A 有時在比賽中也會碰上一些麻煩。

最常碰到的問題就是「起水皰」。嚴重的話，一踩到地面就會疼痛，甚至破壞跑步的平衡。有時候為了避開疼痛的部位，卻又會導致其他地方開始疼痛。如果症狀真的太嚴重的話，最好不要勉強，並且考慮一下是否要放棄比賽。

有些人從練習時就很容易起水皰。如果是這種人的話，塗點凡士林或貼個OK繃會有不錯的效果。鞋子過大或過小也很容易引發水皰，因此應多加注意。

「抽筋」也是常見的問題之一。這往往是鹽分（鈉）不足或水分不足所導致，因此要記得吃一些含鹽糖果、梅乾等等來補充鹽分。運動飲料也含鈉，因此在補充水分時，也可以喝運動飲料。

另外，血糖值愈來愈低時可以含著糖果，不過比起砂糖，我更推薦果糖或葡萄糖。因此，含有檸檬酸的水果或運動飲料也很有效。

水除了用來「喝」之外，還有一個重要的功能就是用來「潑」。當身體出現肌肉痠痛或其他不適時，光是替該部位潑水降溫就會有不錯的效果。往身上潑水時，則要選用普通的水。在比賽途中補充水分時，最好是水和運動飲料都要喝，但如果只能喝其中一種的話，那就視自己的身體狀況做抉擇。

Q 如何挺過比賽最後那段辛苦的路程？

A 進入比賽後半段之後，任誰都會覺得痛苦。但是，此時應該要相信自己累積至今的訓練與努力，再加把勁。

痛苦會一波一波地襲來。雖然痛苦的方式有很多種，但痛苦並不會一直持續下去。當中還是會有稍微輕鬆一點的時候。因此，請相信輕鬆的時刻就要來了，然後努力熬過當下的痛苦時間。就像剛剛所說的，馬拉松很容易受到心理層面影響，因此跑者必須要有堅定的意志力。

有時候，跟隨著那些超過自己的跑者往前跑，就能忘卻痛苦，但是，如果不考量一下「剩下的距離」與「跟著的那位跑者的速度」再行判斷的話，最後不只會導致配速過快，還有可能增加多餘的疲勞。

由於人生路上可能也沒遇過幾次這麼痛苦的場面，所以不妨趁機站在第三者的角度，觀察一下遭遇痛苦時，自己究竟會如何面對這些痛苦。

另外，這種時候也能充分地體會到沿途加油聲所帶來的溫暖與勇氣。當你發現還有其他跟你一起跑，而且跟你一樣累的跑者時，一邊出聲鼓勵對方一邊跑下去，也意外地相當有效。

馬拉松比賽的終點因人而異。抵達終點的方式也是跑者個人的自由。要抵達終點只能靠自己的雙腳。到時候搞不好會因為太開心而比出勝利姿勢，或者是熱淚盈眶。希望各位可以細細品嘗各種感動，去感受屬於自己的終點的喜悅。

有關參賽方面的心理建設，敬請參考《金哲彥のマラソンレース必勝法42》（實業之日本社）。

後記

期望所有的跑者都能成功

每一位跑者都是透過某個契機而開始跑步的。養成跑步的習慣後，總有一天也能品嘗到跑完全馬的喜悅，而在那之後的目標就是刷新自己的紀錄。訓練是刷新自我紀錄的必要條件，但是許多人礙於知識或經驗，所以根本不曉得該在時間內做怎樣的訓練才能更新紀錄。尤其是市民跑者又特別容易發生上述的情況。

本書恐怕是市面上第一本以市民跑者為取向的正規馬拉松訓練說明書吧。

馬拉松訓練非常深奧，且富有個性，因此很難將它統整成大家都能理解、都能應用的文字。而身為教練的我，卻特地去挑戰這個難題。

「想像力」是製作訓練計畫的必備能力之一。我必須先以運動生理學等「知識」以及其他根據作為基礎，再去想像跑者執行該計畫時，會產生何種變化。

乍看之下，訓練計畫不過是列出幾個單純的數字而已，但實際執行後就會發現，計畫裡面其實藏有複雜的身體變化過程。

訓練計畫裡找不到「1+1=2」這種單純的解答。有100人就有100種解答。即便是同一個人用同樣的時間跑完10次馬拉松，也會有10種訓練計畫。我認為，這種千差萬別的差異性也是馬拉松的妙趣之一。

「所謂的馬拉松訓練，就是透過自己的見識與想像力來打造自己的身體，就像藝術創作一樣。」

若能以這種方式思考，每天的訓練就會變得更充實、更愉快吧。用誠摯之心打造了世界上獨一無二的作品後，再透過名為「比賽」的發表會將它展現在世人面前，就能夠產生無限的感動。

本書若少了製作人中村聰宏先生的協助，就無法完成了。中村先生是一位僅差4秒就可以達成sub3的運動員。吸收了這次的知識後，我相信他一定會在下次的比賽中達成sub3。然後，也要感謝負責編輯的阿部雅彥先生與神野哲也先生，在我忙到寫書都沒什麼進展的時候，還花了將近一年的時間透過電子郵件或聚餐來鼓勵我，徹底陪著我。若是沒有他們，這本書也無法完成。

最後，我想感謝所有照顧過我的人，並且祝福每一位喜愛馬拉松的跑者都能取得成功。

金 哲彥

作者　**金 哲彥**（きんてつひこ）

就讀早稻田大學期間，曾在名將．中村清的督導下參與箱根驛傳，並擁有傑出表現。曾連續四年擔任登山的第五區選手。曾兩度獲得區間賞，於1984年、85年取得2連霸的榮譽。大學畢業後進入Recruit集團。1987年於別府大分每日馬拉松大賽中奪得第3名。退休後與小出義雄監督一同擔任Recruit Running Club的教練。曾參與有森裕子、高橋尚子等頂尖跑者的強化訓練。之後又擔任該會的監督。現在是知名專業跑步教練，受到奧運選手、市民跑者等廣泛跑者的信任。著有《金哲彥のマラソン練習法がわかる本》、《金哲彥のマラソンレース必勝法42》、《金哲彥のマラソンメンタル強化メソッド》（實業之日本社）、《「体幹」ランニング》（講談社）等書。

生於1964年2月1日，福岡縣出身。

本書為《金哲彥のマラソン練習法がわかる本》（2009，實業之日本社）經過加筆．修正後重新編輯為新書版。

專業教練量身打造！適合市民跑者的

100 日馬拉松訓練計畫

設定不同目標！完跑．破4．破3，逐步提升成績

2020年6月1日初版第一刷發行

作　　者　金 哲彥
譯　　者　鄒玟羚、高詹燦
編　　輯　邱千容
發 行 人　南部裕
發 行 所　台灣東販股份有限公司
　　　　　<地址>台北市南京東路4段130號2F-1
　　　　　<電話>(02)2577-8878
　　　　　<傳真>(02)2577-8896
　　　　　<網址>http://www.tohan.com.tw
郵撥帳號　1405049-4
法律顧問　蕭雄淋律師
總 經 銷　聯合發行股份有限公司
　　　　　<電話>(02)2917-8022

國家圖書館出版品預行編目(CIP)資料

專業教練量身打造！適合市民跑者的100日馬拉松訓練計畫：設定不同目標!完跑．破4．破3，逐步提升成績 / 金哲彥著；鄒玟羚、高詹燦譯. -- 初版. -- 臺北市：臺灣東販, 2020.06
230面；11.7×17.6公分
譯自：金哲彥のマラソン100日練習メニュー
ISBN 978-986-511-361-2(平裝)

1.馬拉松賽跑

528.9468　　109005790